중국사 편지

처음 읽는
이웃 나라 역사

일러두기

1. 한글 맞춤법과 띄어쓰기는 국립국어원의 《표준국어대사전》을 기준으로 하였습니다.
2. 중국 인명과 지명은 우리나라 한자어 발음대로 표기하였고, 중국 현지어 발음을 따로 모아 뒤에 수록했습니다.

중국사 편지

처음 읽는 이웃 나라 역사

강창훈 글 ★ 서른 그림

책과함께어린이

중국사는 우리 역사의 거울이다

중국에 가면 '캉스푸(康師傅)'라는 이름난 라면이 있어. '캉(康)'은 '강씨(康氏)'라는 뜻이야. 나하고 성이 똑같아. 그래서 중국에서 유학 시절 친구들 사이에서 내 별명이 '캉스푸'였어. 그럼 '스푸(師傅)'는? 중국 무술 영화를 보면 제자가 두 손을 모으고 고개를 숙이며 스승에게 중국말로 '스푸(師傅)!' 하고 외치는 장면이 종종 나오잖아. 중국에서 '스푸'는 '선생님, 스승님'의 뜻으로 쓰여. 우리나라에서도 선생님을 좀 더 높여서 '사부(師傅)님'이라고 부르기도 해. 그래서 나는 '캉스푸'라고 불릴 때마다 우쭐해했지.

중국말 '스푸', 우리말 '사부'처럼 중국과 우리나라는 함께 나누는 것이 참 많아. 우리 밥상에 오르는 반찬 가운데 중국에서 온 것이 얼마나 많은지 엄마, 아빠한테 들었을 거야. 뿐만 아니라 옷, 가방, 가전제품 등등 '메이드 인 차이나'가 참 많아. 우리나라에서 일하는 중국 사람들도 꽤 많아져서 동네나 길거리에서 중국말을 자주 들을 수 있어.

그런데 중국말의 '스푸'는 선생님, 스승님의 뜻이지만, '아저씨'나 '아주머니'를 가리키기도 해. 가게에서 물건을 사거나 음식점에서 주문을 할 때 주인을 '스푸'라고 부르지. '사부'의 뜻이 스승님에서 아저씨와 아주머니로 넓어진 것 같아. 내 별명이었던 '캉스푸'가 '강 선생님'이 될 수도 있지만 그저 평범한 '강씨 아저씨'가 될 수도 있다는 걸 뒤늦게 알고는 조금 실망하긴 했어도 많은 걸 느끼게 되었단다. 중국과 우리나라의 문화가 비슷한 부분이 많은 만큼 서로 다른 부분도 많다는 걸 깨닫게 된 거지.

중국은 우리나라와 무척 가까운 나라야. 인천공항에서 비행기를 타고 1시간 남짓

날아가면 북경에 닿을 수 있고, 인천에서 저녁에 배를 타면 다음 날 아침에 천진에 도착할 정도야. 거리만 가까운 게 아니라 오랜 시간 동안 역사와 문화를 함께해 왔어. 싸우기도 했지만 문화를 함께 나누기도 했지.

그래서일까? 중국을 잘 안다고 생각하는 사람들이 많은 것 같아. 또 그런 생각 때문에 제대로 알려고 노력하지 않는 나라가 중국인 것 같고. 그래서 미국이나 유럽보다 중국을 더 모른다는 생각이 들기도 해.

그럼 중국을 잘 이해하려면 어떻게 하는 게 좋을까? 눈에 보이는 현재 모습만 봐서는 쉽지 않아. 역사를 알아야 그 나라를 제대로 이해할 수 있게 되지. 또 중국사를 공부하면 한국사를 공부하다가 막히는 부분도 더 잘 이해할 수 있을 거야. 한국사를 통해서 '우리 역사와 문화의 우수성'을 느끼고 자부심을 갖는 것도 중요하지만, 중국사를 통해서 우리가 중국에서 받아들인 제도와 문물도 적지 않다는 걸 깨닫고, 겸허한 태도로 우리를 되돌아보는 것도 소중한 경험이라고 생각해.

내 모습을 제대로 보기 위해 거울에 비춰 보듯이, 우리의 역사를 바로 알기 위해 다른 나라의 역사를 거울삼아 공부한다는 마음으로 지금부터 중국사를 알아볼까?

2011년 7월

강창훈

| 차례 |

머리말 　　　　　　　　　　　　　　　　　　　　　　　　　　4

01 강에서 발달한 문명 : 신석기 시대 　　　　　　　　　8
　★ 역사를 알 수 있는 중국의 신화 　　　　　　　　　　17

02 갑골문과 청동 가면 : 은나라와 주나라 　　　　　18
　★ 한자는 어떻게 탄생했을까? 　　　　　　　　　　　28

03 공자의 시대, 맹자의 시대 : 춘추 전국 시대 　　30
　★ 중국 통일의 기초를 닦은 개혁가, 상앙 　　　　　　43

04 중국을 통일한 진시황제 : 진나라 　　　　　　　44
　★ 온 나라를 다니며 민심을 살피는 순행 　　　　　　57

05 실크로드가 열리다 : 한나라 　　　　　　　　　58
　★ 사마천이 남긴 최고의 역사책 　　　　　　　　　　69

06 황제를 닮은 부처 : 위진 남북조 시대 　　　　　70
　★ 이상향을 꿈꾼 시인, 도연명 　　　　　　　　　　　80

07 남북을 잇는 운하가 완성되다 : 수나라 　　　　82
　★ 수 양제는 고구려 정벌에 왜 실패했을까? 　　　　92

08 세계인들이 모여든 장안 : 당나라 　　　　　　　94
　★ 백성이 임금보다 더 소중하다 　　　　　　　　　107

09 영웅의 시대, 간신의 시대 : 송나라   108
   ★ 발이 작은 여성이 아름답다?   119

10 칭기즈 칸과 쿠빌라이 칸의 몽골 제국 : 원나라   120
   ★ '야만인'의 시대에 최고의 예술가가 나오다   134

11 남쪽 바다로 떠난 정화의 함대 : 명나라   136
   ★ 서양 문명을 전해 준 선교사, 마테오 리치   150

12 중국 문화의 전성기 : 청나라   152
   ★ 베스트셀러 소설 《삼국지연의》   163

13 세계를 향해 문을 열다 : 청나라   164
   ★ 평등한 나라를 꿈꾼 '태평천국'   177

14 미국으로 떠난 중국 어린이들 : 청나라   178
   ★ 양무운동은 왜 실패했을까?   190

15 새로운 중국의 탄생 : 중화민국   192
   ★ 대만의 과거와 현재   207

16 강대국 중국의 빛과 그림자 : 중화 인민 공화국   208
   ★ 민주주의를 향한 외침   223

– 《중국사 편지》에 나오는 중국과 우리나라의 흐름 비교 연표   224

| 중국의 서쪽에서 동쪽으로 흐르는 황하

· 신석기 시대 ·

강에서 발달한 문명

01

신석기 시대 기원전 8000년경
신석기 문명이 탄생함

은나라 기원전 1600년경
문자와 청동기를 사용하기 시작함

춘추 전국 시대 기원전 551년
공자가 태어남

진나라 기원전 221년
진시황제가 중국을 통일함

한나라 기원전 139년
장건이 원정을 떠남

위진 남북조 시대 317년
호족이 중국의 북쪽을, 한족이 남쪽을 차지함

수나라 610년
대운하를 완성함

당나라 618~900년경
장안이 세계적인 도시가 됨

송나라 1141년
악비가 감옥에 갇혀 처형됨

원나라 1279년
쿠빌라이 칸이 중국 전체를 지배함

명나라 1405년
정화가 대항해를 시작함

청나라 1782년
《사고전서》를 완성함

청나라 1840년
아편 전쟁이 일어남

청나라 1872년
중국 어린이들이 미국 유학을 떠남

중화민국 1912년
아시아 최초의 공화국이 탄생함

중화 인민 공화국 1949년
중국이 사회주의 국가가 됨

자, 우리 지금부터 중국의 역사를 공부해 볼까? 먼저 위 지도를 함께 보자. 가로로 긴 선이 두 개 보여. 위의 것은 모자처럼 불쑥 솟았다가 다시 아래로 내려오고, 아래의 것은 구불구불 이어져 있어. 중국을 대표하는 강이야.

위는 '황하黃河'고 아래는 '장강長江'이지. 황하는 강물이 누래서 '누를 황黃' 자를 써서 황하라 하고, 장강은 강줄기가 길어서 '길 장長' 자를 써서 장강이지. 중국 사람들은 아주 먼 옛날부터 이 두 강 가까이에서 살았어. 물이 풍부해서 농사를 짓기에 알맞은 곳이었거든.

여기서 잠깐, 우리나라 역사책에서 본 걸 떠올려 보자꾸나. 농사는 언제부터 짓기 시작했지? 그래, 신석기 시대부터였어. 중국도 마찬가지야. 중국 사람들도 신석기 시대부터 농사를 짓기 시작했단다. 구석기 시대까지 쓰던 뗀석기보다 더 잘 다듬은 간석기를 써서, 물이 많은 황하와 장강 가까이에서 농사를 지으며 살았던 거야.

남는 음식을 저장하거나 불로 음식을 끓일 때 필요한 그릇도 만들고, 계절에 알맞게 옷도 만들어 입고, 살기 좋은 집도 만들어 살았어. 학자들은 이를 '문명'이라고 해. 문명이 발달하면서 점점 풍요로워졌지. 그렇다고 해서 그때 사람들이 엄청나게 잘살았다는 뜻은 아니고 그전보다 많이 나아졌다는 정도로만 보면 될 것 같아.

그럼, 황하와 장강에서 발전한 신석기 문명에 대해 좀 더 알아볼까? 우선 황하부터 살펴보자꾸나.

文明
글월 문 밝을 명

▶ **중국 신석기 시대의 토기**
황하 유역에서 발견된 토기야. 다리가 셋 달린 걸 보니, 그 아래에 불을 피워 음식을 만들 수도 있었겠구나.

▼ **물고기 그림이 그려진 토기**
그릇 안쪽에 물고기 그림이 그려져 있는데, 얼굴은 사람의 모습이야. 이 토기도 황하 유역에서 발굴됐는데 그곳에선 좁쌀이 저장되어 있었던 흔적과 돼지 뼈가 나왔어. 농사를 짓고 가축을 길렀나 봐.

황토가 만든 문명

'황하 문명'이란 말 들어 봤어? 세계사 책을 본 친구들이라면, 세계 4대 문명을 기억할 거야. 이집트 문명, 메소포타미아 문명, 인더스 문명 그리고 황하 문명이지. 4대 문명은 같은 점이 있어. 큰 강 근처에서 시작했다는 거야. 중국의 황하 문명도 황하라는 큰 강 가까이에서 발달했지.

그런데 황하는 다른 고대 문명이 발달한 강과는 다른 점이 하나 있어. 앞의 지도를 다시 보자. 황하 줄기가 위로 불쑥 솟은 곳 근처에 색이 칠해져 있지? 그건 바로 땅이 누런 흙, 그러니까 '황

중국 황토 고원
온 사방이 누런 흙 천지지? 중국의 황하 중류에 넓게 펼쳐져 있는 황토 고원이야. 넓이가 40만 제곱킬로미터라는구나. 우리나라 남과 북을 합친 것보다 두 배쯤 더 넓은 고원이지.

토黃土'로 되어 있는 곳을 표시한 거야. 황하에서 문명이 발전할 수 있었던 건 단지 물이 많기 때문만은 아니었어. 황토의 역할도 무척 컸단다.

황토 지대는 곱고 가벼운 황토로 된 땅이라서 농사짓기가 한결 쉬웠어. 땅이 기름지고 논밭을 일구기가 편했지.

그렇지만 황토는 곱고 가볍기 때문에 비가 많이 오거나 강물이 불어나면 휩쓸려 가. 그러다가 물이 줄어들면 강바닥에 쌓이기도 하지. 이런 과정을 반복하면 강바닥이 점점 높아지게 된단다. 그렇게 강바닥이 높아진 곳에 갑자기 비가 많이 내리면 어떻게 될까? 홍수가 나서 둑이 무너지고 잘 일구어 놓은 땅이 모조리 망가졌어. 게다가 많은 사람들이 죽기도 했어.

우리가 만약 신석기 시대에 황하 지역에서 살았다면, 어떤 사람을 지도자로 뽑았을까? 큰 강 근처에 사는 사람들에게는 물을 잘 다스리는 것, 한자로 말하면 '치수'가 무척 중요해. 무엇보다도 죽느냐 사느냐의 문제지. 그래서 그때는 치수를 잘하는 사람이 지도자가 되었어.

황하 근처의 마을마다 그런 지도자들이 많이 있었겠지? 그중에서 전설로 남은 지도자도 있어. 바로 '우禹 임금'이야. 우는 물을 잘 관리한 '치수의 달인'이었어. 우는 몇 년 동안이나 자기 집 앞을 지나갈 때도 가족을 안 만나고 갈 정도로 일에만 몰두한 사람이었어. 훗날 하나라의 임금이 되었다고 해.

治水
다스릴 치 물 수

우 임금
치수의 달인 우 임금은 신화 속 인물이지만 오랫동안 중국 사람들의 존경을 받았어.

벼농사를 시작하다

아직 이야기하지 않은 강이 하나 더 남았어. 황하 말고 장강이 있었지?

처음에 봤던 지도를 다시 보자꾸나. 이번에는 남쪽으로 내려와서 장강 하류에 표시된 부분을 살펴봐. '하모도'라고 써 놓은 곳이 보이지? 이곳에서는 볍씨의 껍질이 겹쳐 쌓여 있는 유적이 발견되었어. 뼈, 돌, 나무로 만든 농기구도 함께 나왔고. 장강 중류에서는 토기에 담겨 있던 흙에서 볍씨의 껍질이 섞인 것이 발견되기도 했어. 이 모든 것이 장강 유역 사람들이 벼농사를 지었

하모도 유적의 벼농사 흔적
신석기 시대에 장강 유역에서 벼농사를 지었다는 걸 보여 주는 볍씨와 농기구야. 사슴이나 물소의 어깨뼈로 만든 농기구는 하모도 유적에서 100개가 넘게 발견되었어. 땅을 깊이 파는 데 썼던 도구라고 말하는 학자도 있고, 땅을 평평하게 고르거나 잡초를 뽑을 때 썼던 도구라고 말하는 학자도 있어.

토기 발굴 현장
중국 신석기 시대의 유적 발굴 현장이야. 우리나라 암사동의 신석기 움집터 유적과 비슷하구나.

다는 것을 말해 주는 거야.

장강 유역 사람들은 일찍부터 벼농사 기술을 개발했던 모양이야. 아마도 장강 유역의 기후가 벼농사에 알맞은 것도 한몫했을 거야. 황하 유역보다 기온이 높고 비도 많이 내렸거든.

우리나라에서 벼농사를 지은 건 청동기 시대부터였어. 그런 벼농사가 중국 장강 유역에서는 신석기 시대에 이미 이루어졌다니, 놀랍지 않니?

벼농사는 장강 유역에만 머물지 않고 중국 전체로 퍼져 나갔어. 그뿐이 아니야. 중국의 북쪽이나 황해를 통해서 우리나라에 전파되기도 했고, 더 멀리 일본에도 건너갔단다.

중국의 다양한 신석기 문명

장강 유역에서 신석기 시대부터 벼농사가 시작되었다는 게 밝혀지고 나서부터는 '황하 문명'이란 표현이 잘못되었다고 말하는 사람들이 늘어났어. 어떤 학자들은 황하의 '하'와 장강의 '강'을 합쳐서 '하강 문명'이라고 말하기도 해.

또 하나 하고 싶은 이야기가 있어. 과연 중국의 신석기 문명은 황하와 장강 유역에서만 있었을까? 그렇지 않아. 두 강 말고도 중국의 수많은 강 근처에서 신석기 문명의 흔적이 발견되고 있어.

문명과 함께 탄생한 신

중국 신석기 시대 사람들은 농사를 지어 먹고살았어. 수렵과 채집만 하던 구석기 시대보다는 한결 살기가 좋아졌지. 하지만 신석기 시대 사람들의 생활은 여전히 불안했어. 홍수나 가뭄이 들면 농사를 망치기 일쑤였고, 갑자기 맹수가 쳐들어오면 당해 낼 수가 없었어. 자연은 언제나 두려운 존재였지. 그래서 사람들은 자연의 신령스러운 힘에게 제사를 지냈어.

사진을 한번 보렴. 눈에 담청색 눈알이 박혀 있어. 이건 중국 요동반도의 강 요하에서 발견된 건데, 흙으로 빚은 여신의 머리야. 이걸 보면, 신석기 시대 사람들이 신을 숭배했다는 걸 알 수 있겠구나.

중국에서 발견된 여신상의 머리 부분

옥저룡
옥저룡은 옥으로 만든 건데 돼지와 용이 합쳐진 모습이야. 어디에 쓰였는지 정확히 알 수 없지만 지배자가 자기의 권위를 드러내려고 몸에 지녔던 것 같아.

　우리나라와 가까운 요동반도에는 요하라는 강이 흐르고 있는데 이곳에서도 황하 유역 못지않은 수준 높은 신석기 문명이 꽃피었다고 하는구나.
　요하 유역에도 문명이 발달한 걸 보니, '하강 문명'이라는 말로도 부족한 것 같아. 그래서 그때의 신석기 문명을 '동아시아 문명'이라고 해야 한다는 학자도 있어. 동아시아의 신석기 문명은 황하에서 시작하여 주변으로 퍼져 나간 게 아니라, 각 지역 사람들이 저마다 일군 문명이기 때문이야.

역사를 알 수 있는 중국의 신화

중국의 신화에는 수많은 '영웅'들이 등장해.

먼저 인간을 만든 신은 여와야. 여와가 황토를 빚어 인간을 만들었다고 해. 복희는 고기 잡는 방법과 가축 기르는 방법을 가르쳤어. 농사짓는 법을 가르친 영웅도 있는데 바로 신농이야. 신농은 쟁기와 괭이를 만들어 농사짓는 법을 가르쳤어. 수많은 신화 속 영웅들 중에서도 '황제黃帝'가 가장 널리 알려져 있어.

황제는 창과 방패 같은 무기 다루는 방법을 익혀 주변 부족들을 하나 둘씩 정복했어. 그래서 황제는 황하 유역의 넓은 땅을 차지할 수 있었어. 황제의 '황'이 '누를 황黃' 자인 건 그가 황하 유역을 통치했기 때문인 것 같아.

황제는 곳곳에 길을 만들고 관리를 두어 백성을 다스렸어. 달력을 만들고 농작물 심는 법을 가르쳤고, 활과 화살, 배, 수레, 도자기, 비단 같은 물건을 만들어 사람들의 삶을 더욱 풍요롭게 해 주었지.

왜 이런 신화가 오늘날까지 전해 오는 걸까? 신화를 읽을 때는 그 속뜻을 잘 살펴보아야 해.

앞의 신화에서 영웅들의 이름을 빼면, 중국 문명의 발달 과정이 고스란히 드러나. 처음엔 채집하며 먹고살다가 농사짓는 법을 익혀 농경을 하고, 작은 무리에서 큰 무리로 성장하고, 그러면서 점차 문명을 꽃피운 거야.

사실 문명은 누군가가 나타나서 갑자기 만들어 주는 것이 아니야. 수많은 평범한 사람들이 오랜 시간 동안 발전시켜 온 거야. 하지만 그때 사람들은 뛰어난 영웅이 문명을 창조해 준다고 믿었어. 그래서 여와, 복희, 신농, 황제 등의 이야기가 언제부턴가 만들어져서 지금까지 전해지고 있는 거야.

여와와 복희
왼쪽이 여와, 오른쪽이 복희야. 각각 컴퍼스와 구부러진 자를 들고 있는데 둥근 하늘과 네모난 땅으로 이루어진 중국의 전통 우주관을 나타내지. 상반신은 사람의 모습이고 하반신은 뱀처럼 꼬여 있는 모습이구나.

| 은나라 유적지에서 발굴된 갑골

• 은나라와 주나라 •

갑골문과
청동 가면

02

신석기 시대 기원전 8000년경
신석기 문명이 탄생함

은나라 기원전 1600년경
문자와 청동기를 사용하기 시작함

춘추 전국 시대 기원전 551년
공자가 태어남

진나라 기원전 221년
진시황제가 중국을 통일함

한나라 기원전 139년
장건이 원정을 떠남

위진 남북조 시대 317년
호족이 중국의 북쪽을, 한족이 남쪽을 차지함

수나라 610년
대운하를 완성함

당나라 618~900년경
장안이 세계적인 도시가 됨

송나라 1141년
악비가 감옥에 갇혀 처형됨

원나라 1279년
쿠빌라이 칸이 중국 전체를 지배함

명나라 1405년
정화가 대항해를 시작함

청나라 1782년
《사고전서》를 완성함

청나라 1840년
아편 전쟁이 일어남

청나라 1872년
중국 어린이들이 미국 유학을 떠남

중화민국 1912년
아시아 최초의 공화국이 탄생함

중화 인민 공화국 1949년
중국이 사회주의 국가가 됨

지금부터 100여 년 전, 그러니까 1899년 중국 북경에서 있었던 일이야.

어느 관리가 말라리아에 걸렸어. 그때 사람들은 말라리아에는 거북의 뱃가죽 껍질이나 소뼈를 달여 먹으면 좋다고 생각했어. 그래서 그 관리는 하인을 시켜 이것들을 많이 사 오라고 했지.

"어, 이상하다?"

관리가 보니 하인이 사 온 거북의 뱃가죽 껍질과 소뼈에 뭔가 흠집이 있었는데 글자 모양과 비슷했어. 그 관리는 옛날 글자를 잘 아는 친구를 불러 물어보았지. 친구는 깜짝 놀라 이렇게 외쳤어.

"이건 아주 먼 옛날에 우리 조상들이 썼던 글자가 틀림없어!"

이것들이 어디에서 온 건지 궁금해진 두 사람은 물어물어 하남성의 안양이라는 조그만 도시로 찾아갔어. 안양의 농민들에게 땅을 파게 했더니, 거북의 뱃가죽 껍질과 소뼈가 엄청나게 묻혀 있었던 거야. 이 소식을 듣고 수많은 학자들이 몰려들었어. 예상했던 대로 새겨진 것은 모두 글자였어. 지금 우리가 알고 있는 한자의 최초 모습이었지.

사람들은 거북의 껍질을 뜻하는 '갑甲' 자와 동물의 뼈를 뜻하는 '골骨' 자를 합쳐서, 이것들을 '갑골甲骨'이라고 했어. 그리고 거기에 새겨진 글자는 '갑골문'이라고 했지.

신이 다스린 나라

갑골문은 아주 먼 옛날 중국 은나라 때 쓰던 글자였어. 은나라는 중국 한나라 때의 역사가 사마천이 쓴 《사기》라는 책에 나와. 그렇지만 갑골문이 발견되기 전까지는 은나라가 실제 있었던 나라라고 누구도 자신 있게 말하지 못했어. 은나라 유물이 발견된 적이 없었거든. 그런데 갑골에 은나라 사람들이 농사짓고 자식 낳고 전쟁하며 살았던 모습이 생생하게 그려져 있었던 거야. 책에 이름만 나오던 고대 왕국이 실제로 있었다는 것이 입증된 셈이지. 학자들이 좀 더 연구를 하고 보니, 갑골이 무더기로 나온 안양은 은나라의 수도였어.

은나라는 어떤 나라였을까? 어느 갑골문은 이런 내용도 있어.

어느 날 점쟁이가 점을 쳤다.
"부인이 해산할 것이고, 좋지 않을 것이다."
며칠 후 아이를 낳았다. 정말 좋지 않다. 딸이다.

이 글은 기원전 1200년 무렵의 기록이야. 이 글을 보니, 어떤 생각이 떠올라? 은나라 사람들은 딸보다는 아들을 더 좋아했나 보다고?

그보다 더 중요한 사실이 있어. 은나라 사람들은 어떤 일이 벌어지기 전에 점을 쳐서 신의 뜻을 물었다는 거지. 윗글은 은나라

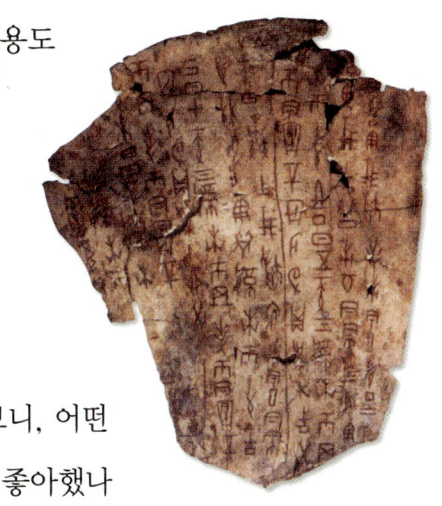

은나라 때의 갑골문

왕의 이야기야. 왕은 부인이 아이를 낳을 날짜가 다가오자 점쟁이를 시켜서 아들인지 딸인지를 물었는데, 점쟁이는 "좋지 않을 것이다"라고 예측했고 예측대로 딸이 태어났어.

아이를 낳을 때만 그랬던 게 아냐. 은나라 왕은 농사를 마무리할 때, 이웃과 전쟁을 벌이기 전에도 점을 쳤어. 어떤 일을 할 때면 늘 신에게 물었지.

은나라 왕은 일 년 내내 신에게 제사를 지냈어. 평소에 신을 잘 모셔야, 신이 바른 길을 알려 줄 거라고 믿었으니까. 제사를 지낼 때는 농사지어 수확한 곡식이나 기른 가축을 신에게 바쳤어. 심지어는 전쟁에서 잡아들인 포로를 바치기도 했다는구나.

이렇게 은나라 왕은 무슨 일을 하든지 신의 뜻을 물었고, 언제나 신을 숭배했어. 그래서 은나라에 대해 한마디로 말하라고 하면, '신이 다스린 나라'라고 말하고 싶구나.

옆 사진을 잠깐 볼까? 발이 네 개 달린 그릇 같아. 하지만 우리가 생각하는 그릇하고는 무척 달라. 이건 신에게 제사지낼 때 사용하는 제기였어. 높이가 133센티미터나 되고 무게는 무려 800

네 발 달린 청동 솥
갑골문이 출토된 안양에서 함께 나온 거야. 청동으로 만든 솥인데 네 발이 달려 있어. 일상생활에서 사용한 게 아니라, 제기로 사용했어. 이제까지 중국에서 발견된 청동기 가운데 가장 무거워.

킬로그램이 넘어. 은나라 왕에게 신이 얼마나 중요한 존재였으면, 제기를 이렇게 크고 무겁게 만들었을까?

이 그릇은 청동으로 만든 거야. 은나라는 청동기 만드는 기술이 무척 발전한 나라였거든. 은나라 지배자들은 제기를 청동으로 만들었어. 농사짓는 도구는 여전히 신석기 시대처럼 돌로 만들었지. 청동기는 만들기가 무척 까다로워서 지배자들이 아니고는 갖기가 어려웠거든.

다양한 중국 문명

은나라 영토는 지금의 중국에 비하면 아주 작았단다. 오늘날 어떤 학자가 은나라의 영토를 연구했는데, 국경이 수도 안양에서 겨우 200킬로미터 떨어진 곳까지였다고 해. 우리나라로 치면 서울에서 강릉까지 가는 정도의 거리밖에 안 되는구나.

그렇다면 다른 곳에도 사람들이 살고 있지 않았을까?

1986년 사천성 성도에서 놀라운 유물이 발견되었어. 성도는 은나라의 수도 안양에서 아주 멀리 떨어진 곳이야. 여기에서 발견된 유물 가운데 사람의 얼굴 모양을 한 조각상이 50개가 넘었어. 모두 청동으로 만들어졌는데, 어떤 건 가로 길이가 120센티미터나 될 정도로 컸어. 가로 길이가 초등학생 키만 하니까, 그 크기가 어느 정도인지 짐작이 가지?

발굴된 유물 가운데 더 멋진 것도 있어. 왼쪽 사진을 봐. 이것도 청동으로 만든 건데, 키가 실제 사람만큼이나 커. 뒤는 길고 앞은 약간 짧은 옷을 입고 있구나. 두 눈은 허리 아래에 있는 치맛자락을 내려다보고 있어.

이 청동 조각상은 어떤 물건이었을까? 학자들은 신에게 제사지내는 사람의 모습을 본뜬 것이라고 해. 그걸 어떻게 알 수 있을까? 조각상을 자세히 봐. 신발을 벗고 있지? 옛날 중국 사람들은 의례를 할 때 신발을 신으면 불결하고 위험하다고 생각했대. 그리고 또 하나 좀 이상한 게 있는데, 눈썰미 좋은 친구들은 발견했을지도 몰라.

두 손을 봐. 손이 매우 크고 큰 구멍이 나 있지? 이 구멍에 무언가 끼워져 있었던 것 같지 않니? 이 조각상이 제사지내는 사람을 본떠 만든 것이라면, 손에 들고 있었던 것은 제사지낼 때 사용했던 상아나 횃불이 아닐까 하고 학자들은 추측하고 있어.

사천성 성도에서 발견된 유물들이 얼마나 오래된 것인지 전문가들이 연구해 보았더니, 기원전 1300~기원전 1100년 무렵에 만들어졌다고 해. 은나라가 있었던 시대와 비슷해.

청동 입상
입상은 서 있는 사람을 만들었다는 뜻이야. 청동으로 만든 이 입상은 키가 182센티미터나 돼. 학자들은 제사지내는 사람의 모습을 본뜬 것이라고 추측하고 있어.

성도에서 나온 유물들을 보니까 어떤 생각이 들어? 은나라 유물들과 많이 다르지? 하지만 안타깝게도 그곳에서 살았던 사람들이 어떤 나라를 세웠는지, 무슨 생각을 하고 어떻게 살았는지는 알 수 없단다. 은나라의 갑골문 같은 글자 기록이 발견되지 않았으니 어쩔 수가 없지. 그래도 그때에 은나라 말고도 문명을 일군 나라들이 더 있었을 거라고 추측해 볼 수는 있겠지? 앞으로도 중국 곳곳에서 다양한 유물이 더욱 많이 나올지도 몰라.

청동 가면
사천성 성도에서 발굴된 청동으로 만든 가면이야. 중국 어디에서도 발견된 적이 없는 무척 독특한 유물이란다.

제후들의 나라, 주나라

다시 은나라로 돌아가 보자꾸나. 은나라의 운명은 어떻게 되었을까? 은나라가 한창 발전하고 있던 무렵, 서쪽에서 주나라가 등장했어. 지금의 서안 근처에 있는 호경이라는 곳을 수도로 삼았지. 주나라는 처음에는 은나라에 가려 있는 작은 나라였어.

그러다 기원전 1046년 주나라 무왕은 은나라를 정복하고 중국의 황하 일대를 차지했어. 모든 영토를 직접 다스릴 수 없었던 무왕은 자식들과 은나라의 후예들에게 영토를 나누어 주고 그들에게 다스리게 했어. 이때 영토를 받은 사람들을 '제후'라고 하고,

諸侯國
모두, 여러 제
제후 후 나라 국

이들이 다스리는 지역을 '제후국'이라 했어. 제후국들은 처음에는 주나라 왕실을 잘 받들었지. 그런데 시간이 흐를수록 제후의 아들, 그 아들의 아들…… 이런 식으로 내려가다 보니까, 왕실과 제후국의 관계가 점점 멀어졌어. 그러다 결국 남남처럼 되어 버렸지.

그러던 어느 해 몇몇 제후국이 유목 민족과 손을 잡고 주나라 왕실을 공격했어. 제후국으로 지내기엔 성이 차지 않았던 모양이지? 결국 주나라 왕실은 수도 호경을 버리고 동쪽에 있는 낙양으로 피신했어.

주나라 왕실은 수도를 옮겨 나라를 되살릴 수는 있었지만, 예전만큼 강력한 힘을 발휘할 수는 없었어. 결국 주나라는 점점 힘을 잃었고, 100여 개나 되는 제후국들이 서로 권력을 다투는 시대가 찾아왔어. 이때부터 '춘추 시대'가 시작된단다.

청동 도끼
주나라 때 청동으로 만든 도끼인데, 잘 들여다보면 '강후康侯'라는 글자가 새겨져 있어. 강후는 주나라 무왕의 동생이야. 본래 이름은 강숙인데, 영토를 받고 제후가 되어 '강후'라 불리게 되었지.

술이 가득한 연못과 고기가 걸린 나무숲

은나라의 마지막 왕은 주왕이었어. 주왕은 말재주가 뛰어나고 힘도 장사였어. 주변 부족과 싸울 때마다 이겨서 은나라의 문화를 남쪽 장강 유역까지 퍼뜨렸지.

그러던 주왕은 절세미인 달기를 만나면서 달라졌어. 화려한 궁궐을 짓고 백성들에게서 빼앗은 재물을 채우고 날마다 잔치를 벌였어. 또 술로 가득 채운 연못과 나무에 말린 고기를 걸어 둔 숲을 만들었어. 그걸 '주지육림酒池肉林'이라고 해. 오늘날 방탕하고 사치스러운 생활을 의미하는 말로 쓰이고 있지.

충성스러운 신하들이 그래선 안 된다며 주왕을 말렸지만 소용이 없었어. 오히려 주왕은 그런 신하들에게 벌을 주었어. 구리 기둥을 수평으로 매달고 그 밑에 불을 피워 뜨겁게 달군 뒤, 뜨거워진 구리 기둥 위를 걸어가게 했어.

그런 주왕을 견디지 못해 수많은 사람들이 나라를 떠났어. 은나라의 힘은 점점 약해졌고, 결국 주나라에 멸망하고 말아.

주왕의 이야기를 듣고 나니 어떤 생각이 들어? 나랏일을 돌보지 않고 백성들을 고통과 죽음으로 몰아넣었으니, 나라가 망한 건 당연하다고?

하지만 이 이야기는 오랜 시간을 거쳐 전해진 거야. 그런 일이 실제로 있었다는 증거는 없어. 그래서 학자들은 주나라 통치자들이 은나라를 멸망시킨 자신들의 행동이 옳았다는 걸 백성들에게 알리려고 은나라 주왕이 나쁜 왕이었다는 이야기를 일부러 만들어 퍼뜨렸을 거라고 말하기도 해.

한자는 어떻게 탄생했을까?

우리 한글은 정해진 몇 개의 자음과 모음만 알면, 이렇게 모으고 저렇게 엮어 글자를 만들 수도 있고 배우기도 쉬워. 하지만 중국의 한자는 참 골치 아픈 글자야. 한 글자 한 글자를 모두 외워야만 하니까 말이야.

한자는 어떻게 만들어진 걸까? 맨 처음부터 지금 모양과 똑같았을까? 그렇지 않아. 아주 오랜 옛날부터 조금씩 변해서 지금의 모습이 된 거야.

먼 옛날 중국 사람들은 글자가 따로 없었기 때문에, 그림을 그려서 서로의 뜻을 주고받았어. 소에 대해 말하고 싶으면 소를 그렸고, 곡식에 대해 말하고 싶으면 곡식을 그렸어. "해가 졌다"고 말하고 싶으면 어떻게 했을까? 혹시 해의 모양을 그린 뒤에 바로 지운 건 아닐까? 너희들이라면 어떻게 했을 것 같아?

처음엔 실제 모습과 아주 똑같이 그렸을 거야. 하지만 번번이 똑같이 그리려면 시간도 많이 걸리고 무척 불편했겠지? 그래서 그림을 간단하게 그리기 시작했어. 이 그림을 한번 봐. 둥그스름한 네모 안에 짧은 가로줄이 그어져 있구나. 학자들이 밝혀낸 건데, 이건 '해'를 표시한 거야.

그럼 ✳는? 이건 좀 쉽구나. 나무를 나타내는 그림이래. 그럼 다음 그림은 무얼까? 해가 나무에 걸려 있네? 무슨 뜻일까? 나무 뒤에 숨어 있는 해가 곧 위로 솟아오를 것만 같구

갑골문	𠆢	大	👁	耳	ㅂ	齒
한자	人(인)	大(대)	目(목)	耳(이)	口(구)	齒(치)
뜻	사람	크다	눈	귀	입	이

나. 해는 동쪽에서 뜨지? 그래서 이 글자는 '동쪽'을 나타내게 된 거야.

앞에서 갑골문에 대해 이야기했지? 갑골에는 이런 그림들이 많이 새겨져 있어. 그리고 이 갑골에 새겨진 그림들이 바로 한자의 처음 모습이야. 이 최초의 한자들은 시간이 지나면서 계속 변화했어. 그래서 해를 나타내는 한자는 '日', 나무를 나타내는 한자는 '木', 동쪽을 뜻하는 한자는 '東'이 된 거야. 그럼 그림으로 그릴 수 없는 '좋다', '나쁘다' 같은 생각이나 느낌을 표현하는 한자는 어떻게 만들었을까?

휴대전화로 문자 메시지를 많이들 주고받지? 기분이 좋을 땐 ^^, 쑥스러울 땐 ^^;;, 기분 나쁘거나 우울할 땐 -_- 이렇게 부호를 보내기도 하지? 이건 처음부터 규칙을 정한 게 아니야. 누군가가 이런 표현 방식을 만들어 냈고, 사람들이 오랜 시간 동안 사용하다 보니까 자연스럽게 그런 뜻의 부호가 된 거지. '좋다'는 뜻의 '호(好)', '나쁘다'는 뜻의 '악(惡)'이라는 한자도 그런 방법으로 만들어져 오늘날까지 계속 쓰이고 있는 거란다.

日(일)	月(월)	木(목)	水(수)	東(동)
해	달	나무	물	동쪽

| 제자들을 가르치는 공자

• 춘추 전국 시대 •

공자의 시대, 맹자의 시대

03

신석기 시대 기원전 8000년경
신석기 문명이 탄생함

은나라 기원전 1600년경
문자와 청동기를 사용하기 시작함

춘추 전국 시대 기원전 551년
공자가 태어남

진나라 기원전 221년
진시황제가 중국을 통일함

한나라 기원전 139년
장건이 원정을 떠남

위진 남북조 시대 317년
호족이 중국의 북쪽을, 한족이 남쪽을 차지함

수나라 610년
대운하를 완성함

당나라 618~900년경
장안이 세계적인 도시가 됨

송나라 1141년
악비가 감옥에 갇혀 처형됨

원나라 1279년
쿠빌라이 칸이 중국 전체를 지배함

명나라 1405년
정화가 대항해를 시작함

청나라 1782년
《사고전서》를 완성함

청나라 1840년
아편 전쟁이 일어남

청나라 1872년
중국 어린이들이 미국 유학을 떠남

중화민국 1912년
아시아 최초의 공화국이 탄생함

중화 인민 공화국 1949년
중국이 사회주의 국가가 됨

"공자 왈, 맹자 왈…….."

이 말 들으면 뭐가 떠올라? 옛날 서당에서 아이들이 한문 공부하는 모습이 떠오르지 않니? 조선 시대 아이들은 천자문을 익히고 나면 《논어》와 《맹자》를 공부했어. 《논어》는 공자의 이야기를 모아 놓은 책이고, 《맹자》는 맹자의 이야기를 모아 놓은 책이야. 두 책 모두 아주 먼 옛날에 만들어졌지만, 오늘날까지도 많은 사람들이 읽고 있단다.

공자와 맹자는 마치 단짝처럼 함께 이야기돼. "공자 왈" 하면, 바로 "맹자 왈"이 나올 정도로 말이야. 공자는 유가 사상을 처음 만든 사람이고, 맹자는 유가 사상을 완성한 사람이라고들 해. 혹시 소크라테스와 플라톤에 대해 들어 봤니? 두 사람은 서양을 대표하는 철학자이면서, 동시에 스승과 제자 사이야. 공자와 맹자도 마찬가지로 동양의 대표 철학자이면서 스승과 제자 사이란다.

그런데 말이야. 두 사람은 닮았으면서도 많이 다르기도 해. 그럴 수밖에 없는 이유가 스승과 제자 사이긴 해도 공자와 맹자가 살았던 시대는 200년 가까이 차이가 나거든.

그럼 지금부터 공자와 맹자를 비교해서 살펴볼까? 공자와 맹자를 비교하다 보면, 춘추 전국 시대의 역사가 어땠는지도 자연스럽게 알 수 있을 거야.

혼란한 시대가 시작되다

"배우고 때때로 익히면 또한 즐겁지 아니한가?"

공자의 이야기를 모아 놓은 《논어》에서 맨 처음 나오는 문장이야.

공자는 기원전 551년 노나라의 곡부라는 곳 근처에서 태어났어. 공자는 스무 살부터 노나라 귀족 집안의 창고 관리원으로 일했어. 창고를 관리하면서 저울질도 하고 숫자 계산도 하고, 때로는 가축을 돌보기도 했지.

공자
중국의 역사와 인물에 대한 그림을 모아 놓은 《삼재도회》라는 책에 나오는 공자의 모습이야.

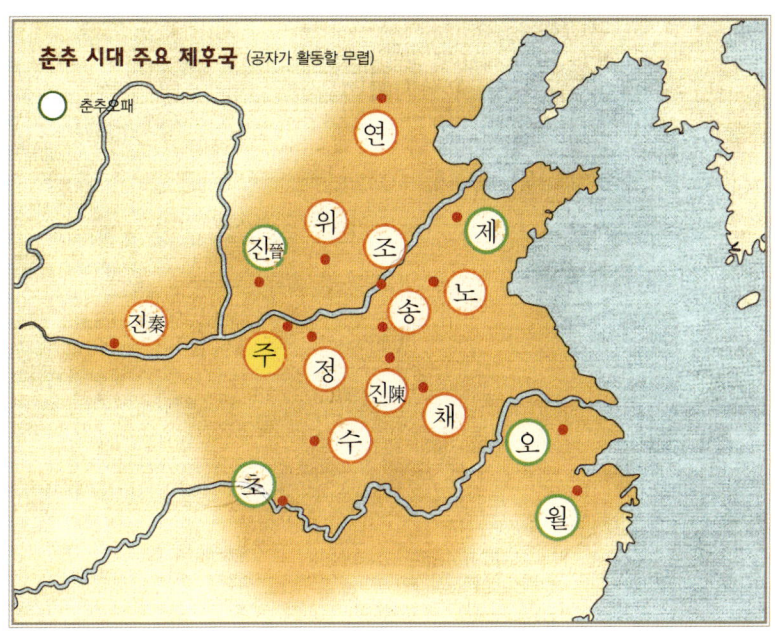

지위가 높은 관리는 아니었지만, 젊은 공자에겐 남다른 꿈이 있었어. 어떤 꿈이었을까? 그걸 알려면 그때 중국의 모습을 알 필요가 있어.

우선, 앞에서 이야기한 걸 잠깐 떠올려 보자꾸나. 주나라 무왕은 은나라를 정복한 뒤 제후들에게 영토를 나누어 주었어. 그런데 일부 제후국이 유목 민족과 손잡고 주나라 왕실을 공격했고, 이때부터 '춘추 시대'가 시작돼. 공자는 이 춘추 시대가 한창일 무렵에 태어났던 거야.

그뿐이 아니야. 100여 개의 제후국은 각자 세력을 넓히려고 했어. 제후국들끼리 힘을 합치기도 하고 싸우기도 하면서 서로 경쟁했고, 작은 나라들은 하나 둘씩 사라졌지. 앞 쪽의 지도를 보면 알겠지만, 공자가 활동할 무렵에는 15개의 큰 제후국들만 남았어.

제후국들은 저마다 제멋대로 행동했고 힘이 약해진 주나라는 제후국 가운데 힘이 센 다섯 나라의 보호를 차례로 받을 수밖에 없었어. 이 다섯 나라를 '춘추 오패'라고 해. '춘추 시대에 패권을 잡은 다섯 제후'라는 뜻이지. 그들은 주나라 왕실을 떠받드는 척 했지만, 실제로는 주나라 왕실을 무시했어.

春秋五覇
봄 춘 가을 추
다섯 오 으뜸 패

관중과 포숙의 우정

춘추오패 중에서 가장 먼저 패권을 잡은 사람은 제나라의 환공이야. 환공이 성공할 수 있었던 건 관중이라는 뛰어난 신하가 있었기 때문이지. 관중이 뛰어난 인물이 될 수 있었던 건 바로 친구 포숙이 있었기 때문이고. 어떤 사연인지 들어 보렴.

관중管仲과 포숙鮑叔은 어린 시절부터 친구였어. 두 사람은 함께 장사를 했는데, 관중이 이익을 더 많이 챙겼어. 하지만 포숙은 관중이 가난한 걸 알았기 때문에 탓하지 않았어.

세월이 흐른 어느 날, 제나라에서 '소백'과 '규'라는 두 사람 사이에 싸움이 벌어졌어. 이때 포숙은 소백의 편, 관중은 규의 편을 들었어. 싸움은 소백의 승리로 끝나고 말아. 소백이 바로 제나라의 환공이야. 환공은 규의 편에 섰던 관중을 처형하려 했어. 그러자 포숙이 나섰어.

"패자(제후의 우두머리)가 되기 위해서는 관중같이 유능한 인재가 필요합니다."

그러자 포숙 덕분에 환공은 관중을 너그럽게 용서했고, 관중은 목숨을 구할 수 있었어. 이때부터 관중은 환공을 도와 제나라를 부강한 나라로 만드는 데 큰 역할을 했어.

그래서 지금도 우정이 깊은 친구 사이를 가리켜 '관중과 포숙의 사귐'이란 뜻으로 '관포지교管鮑之交'라고 해.

공자가 살던 춘추 시대

공자는 혼란한 세상을 지켜보며 생각했어.

"주나라 왕실의 무너진 권위를 바로 세우고, 제후국들의 싸움으로 어려워진 백성들의 삶을 안정시켜야 해."

공자는 사립학교를 세우고, 제자들을 가르치기 시작했어. 공자는 대단히 인기 있는 선생이었던 모양이야. 죽을 때까지 가르친 제자가 3000명 정도라고 해. 역사에 이름을 남길 만큼 뛰어난 제자만 70명이 넘고.

그럼 공자는 무얼 가르쳤을까? 공자의 가르침에서 가장 중요한 것 가운데 하나가 바로 이 한마디였어.

"君君臣臣父父子子(군군신신부부자자)."

무슨 말인지 하나씩 풀어 볼까? '君'은 군주, '臣'은 신하, '父'는 아버지, '子'는 자식이란 뜻이야. 그럼 문장을 해석해 보면?

공자와 제자들
오른쪽에서 다섯 번째가 공자고, 그 좌우로 제자들이 그려져 있어. 그림은 공자가 제자들을 거느리고 노자를 찾아가 인사하는 모습이란다.

"군주 군주, 신하 신하, 아버지 아버지, 자식 자식?" 어, 이상하다? 아무래도 이건 엉터리 해석 같구나. 유능한 학자들의 해석을 찾아 읽어 볼까?

"군주는 군주답게 다스리고, 신하는 신하답게 섬기고, 아버지는 아버지답게 행동하고, 자식은 자식답게 행동해야 한다."

아, 바로 이런 뜻이었구나. 너무나 옳은 말씀 같아. 이런 당연한 말을 공자는 왜 했을까? 앞의 이야기를 다시 떠올려 보렴.

주나라 왕의 신하였던 제후국들은 춘추 시대가 되자 주나라 왕을 무시했어. 신하는 신하답게 군주를 잘 섬겨야 하는데, 군주를 업신여기고 자기들이 마치 군주인 양 행동했지. 이렇게 되니까 질서가 무너지고 온 세상이 혼란에 빠지게 된 거라고 공자는 생각했어. 그래서 공자는 제자들에게 힘주어 말했던 거야.

공묘
공자의 고향 곡부에 있는 공자 사당이야. 노나라 임금이 공자가 죽은 뒤 공자가 살던 집터에 만들었다고 해. 이후 공자의 사상이 널리 퍼지면서 공묘는 점점 커졌고 많은 사람들이 찾아오는 곳이 되었단다.

"군주는 나라를 잘 다스리고, 신하는 왕에게 충성해야 해. 백성들은 부모에게 효도하고 군주에게 충성을 해야 해. 그래야 나라가 안정되고 잘 살 수 있어."

그러고는 제자들에게 실천할 수 있는 예절을 가르쳤어. 앞에 나온 《논어》의 첫 구절 "배우고 때때로 익히면 또한 즐겁지 아니한가"에서 "배우고 익힌다"는 건 바로 '예禮'를 배우고 익힌다는 뜻이야.

공자는 노나라에서 많은 제자들을 가르쳤지만, 이것에 만족하지 않았어. 배우기만 하고 써먹지 않으면 아무 소용이 없잖아? 공자는 제자들을 이끌고 여러 제후국들을 찾아다녔어. 제후들을 만나서 자기의 주장을 펼쳤지.

하지만 제후들은 공자의 주장을 받아들이지 않았어. 다른 제후국들과 경쟁하느라 바쁜 마당에, 도덕과 예절에 신경 쓸 겨를이 있었겠어? 공자가 노력했지만 제후국들은 더욱 치열하게 경쟁했고, 그럴수록 주나라 왕실의 권위는 계속 땅에 떨어졌어. 결국 공자는 자신의 뜻을 펴지 못하고 죽고 말아.

맹자가 살던 전국 시대

공자가 세상을 뜨고 수십 년이 흐른 뒤, 놀라운 사건이 하나 일어났단다. 춘추 시대의 제후국 가운데 '진晉'이라는 나라가 있었

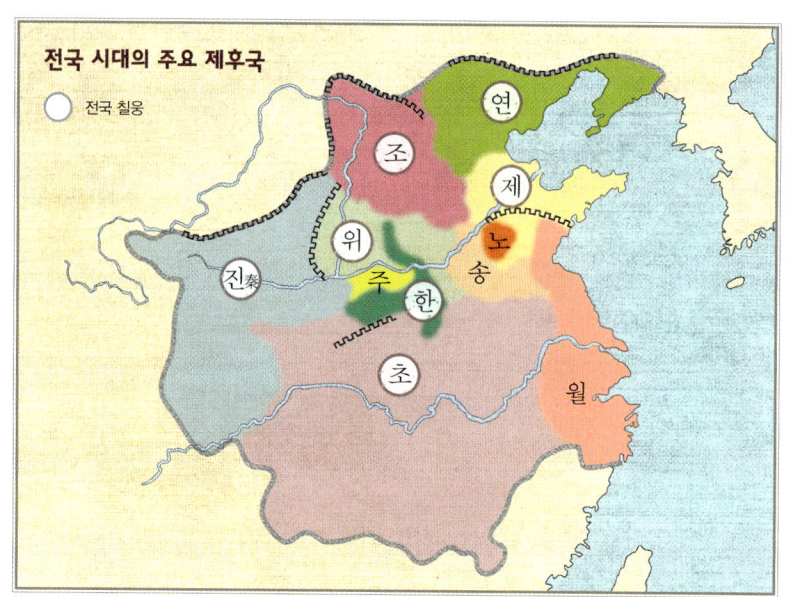

는데, 진나라의 신하 세 사람이 진나라의 제후를 죽이고 영토를 셋으로 나누어 각자 독립국을 만들었어. 이때부터를 '전국 시대'라고 해.

춘추 시대는 제후들이 주나라 왕을 무시하던 시대였는데, 이제는 제후 밑에 있던 신하들마저 제후를 무시했고 심지어는 죽이기까지 했어. 이때부터 중국은 공자가 추구했던 것과는 정반대의 세상이 되고 만단다. 맹자는 바로 이 전국 시대에 살았던 사람이야.

맹자는 기원전 372년 무렵에 태어났어. 공자의 제자이지만, 직접 배운 제자는 아니야. 공자보다 200년 정도 늦게 태어났으니 말이야.

맹자가 살았던 전국 시대는 공자가 살았던 춘추 시대와 많이 달랐어. 주나라 왕실은 이제 있으나마나 한 존재가 되고 말았지. 제후국들은 주변의 약한 나라를 정복해 영토를 넓혔고, 결국 일곱 개의 강대국만이 살아남았어. 이 나라들을 '전국 칠웅'이라고 해. '전국 시대의 일곱 강대국'이라는 뜻이야. 지도를 보면, 춘추 시대에 있던 나라들이 많이 사라진 걸 알 수 있을 거야.

일곱 나라들은 상대방의 영토를 빼앗고 백성을 죽이는 전쟁을 늘 벌였어. 전국 시대의 전쟁은 춘추 시대보다 훨씬 끔찍했지. 춘추 시대만 해도 전투에는 주로 귀족들이 나가 싸웠어. 군대가 맞설 때도 격식을 갖추었고, 전투를 할 때도 서로 정해 놓은 원칙에 맞게 싸웠어. 패배

戰國七雄

싸움 전 나라 국
일곱 칠 수컷 웅

전국 시대의 두호부
전국 시대 진나라에서 사용한 거야. 머리가 호랑이 모양이라 '두호부頭虎符'라고 해. 평소에는 이걸 반으로 나누어 오른쪽 반은 왕이, 왼쪽 반은 부대에서 보관했어. 전쟁이 나면 왕이 두호부의 오른쪽 반을 장군에게 줘. 장군이 이걸 가지고 전쟁터로 가서 아군 부대의 왼쪽 반과 맞추어 보고 맞으면 부대를 이끌고 전투에 나갈 수 있었어.

전국 시대의 무기
전국 시대에 전투할 때 쓰던 창이야. 위로 하나, 옆으로 세 개의 칼이 달려 있어.

전국 시대의 장성 유적지
연나라가 만든 장성이 있던 터야.
전국 시대에는 전쟁이 많이 일어났어.
그래서 각 나라들은 자기 영토를
지키기 위해 장성을 쌓았지.

하는 적을 추격해서 죽이거나 상대를 속이는 전술은 비난을 받았지.

하지만 전국 칠웅의 전쟁은 귀족뿐 아니라 일반 백성들도 전투에 나가야 했어. 그때 기록을 보면, "6만 명의 목을 베었다"고 할 정도로 전쟁이 험악해졌어. 심지어 전국 시대 말기에는 "40만 명이 넘는 포로를 한꺼번에 땅에 묻어 버렸다"는 기록도 있어.

이런 상황에서 맹자도 스승 공자가 그랬던 것처럼 제후국들을 다니며 자기의 생각을 펼쳤어. 맹자의 생각은 공자와 조금 달랐어. 공자와 맹자 모두 왕과 제후국이 서로 질서를 잘 지켜야 한다고 했는데 맹자는 왕이라 할지라도 그 질서를 제대로 유지하지 못한다면 물러나야 한다고 주장했어. 질서가 바로잡히지 않으면 나라가 혼란에 빠져 백성들이 고통을 겪게 될 테니까 말이야.

이러한 맹자의 생각을 듣고는 전국 칠웅 가운데 하나인 제나라의 군주가 맹자에게 물었어.

"그렇다면 신하들이 마땅히 해야 할 일은 무엇인가?"

맹자는 이렇게 대답했어.

"군주에게 큰 허물이 있으면 고치라고 말해야 하고, 여러 번 말해도 듣지 않으면 군주를 바꾸어야 합니다."

맹자
《삼재도회》에 나오는 맹자의 모습이야.

공자의 시대, 맹자의 시대 | 41

이건 《맹자》에 나오는 이야기야. 어때? 공자의 이야기와 다르지? 공자는 "신하는 군주에게 충성을 다해야 한다"고 했는데, 맹자는 그 말이 옳다고 여기면서도 "군주에게 잘못이 있으면 군주도 바꿀 수도 있다"고 주장하고 있구나.

공자의 가르침을 받아들였던 맹자인데 왜 공자의 생각과 달랐을까? 공자가 살았던 춘추 시대와 맹자가 살았던 전국 시대의 사회 모습이 달랐기 때문이야. 춘추 시대에는 서로 싸우면서도 주나라 왕실과 제후국, 제후와 신하, 신하와 백성 사이에 최소한의 질서는 지켜지고 있었어. 하지만 전국 시대에는 강한 쪽만 살아남는 세상이 되었어. 전쟁에서 진 제후국 백성들은 목숨을 잃거나 노예가 될 수밖에 없었지. 그래서 맹자는 군주가 나라를 지킬 능력이 부족하면 백성들의 삶을 평온하게 지켜 줄 수 있는 군주로 바꿔야 한다고 생각했던 거지.

지금까지 공자와 맹자를 통해 춘추 시대와 전국 시대를 살펴보았어. 두 시대는 500년 동안이나 계속되었단다. 수많은 제후국들이 정복하고 정복당하다가 결국 하나의 나라로 통일돼. 그 통일의 주역이 바로 전국 칠웅 가운데 하나인 '진秦나라'야.

중국 통일의 기초를 닦은 개혁가, 상앙

춘추 전국 시대는 제후국 사이에 전쟁이 끊이지 않은 혼란한 시대였어. 그런데 오히려 이 시대에 훌륭한 사상과 학문이 많이 탄생했단다. 당시 제후국들은 살아남기 위해서 좋은 인재를 많이 길렀거든. 그러다 보니, 다양한 사상과 학문을 내세운 학자들이 등장했고 서로 경쟁하면서 발전했어. 이때의 학자와 학파를 통틀어 '제자백가諸子百家'라고 해.

제자백가의 여러 학파 가운데 가장 대표적인 것이 유가와 법가야. 유가는 앞서 말한 공자와 맹자의 사상을 받들고 연구하는 학파이고, 법가는 도덕보다도 법을 중시해야 나라를 잘 다스릴 수 있다는 학파야. 유가의 공자와 맹자 이야기는 이미 했으니까, 법가에 대해 들려줄게.

법가의 대표 인물은 상앙이야. 상앙은 원래 위衛나라 사람인데, 진秦나라에 가서 관리가 되었어. 나라를 안정시키고 부강하게 하려면 엄격한 법을 만들어야 한다고 주장했지. 그리고 그 법은 모든 사람에게 평등하게 적용되어야 한다고 했어.

"범인을 숨기는 자는 엄벌에 처하고, 범인을 고발한 자에겐 상을 내리고, 전쟁에서 공을 세운 자에겐 상을 내리고, 적군에 항복한 자는 엄벌로 다스려야 합니다."

진나라는 상앙의 주장을 받아들여 새로운 법을 시행했어. 하지만 백성들은 옛날의 법에 익숙한 나머지 상앙의 새로운 법을 잘 지키지 않았어. 그러자 상앙은 한 가지 꾀를 냈어. 도성의 남문에 나무 기둥 하나를 세워 두고 이렇게 말했지.

"이 기둥을 북문으로 나르는 사람에겐 10금의 상을 주겠다!"

하지만 아무도 상앙의 말을 믿지 않았어. 그래서 이번에는 50금을 주겠다고 했어. 한 사나이가 속는 셈 치고 기둥을 날랐어. 그러자 상앙은 약속대로 50금을 상으로 내렸어.

이때부터 백성들은 상앙이 만든 법을 믿고 잘 따르기 시작했다고 해. 법이 잘 시행되니까 진나라는 안정되고 부강해질 수 있었어. 훗날 진나라가 중국을 통일할 수 있었던 것은 상앙의 노력이 뒷받침되었기 때문이야.

부피를 재는 기구
곡식이나 가루 등의 부피를 재는 도구야. 빈 곳을 꽉 채우면 1되(약 1.8리터)가 된단다. 상앙의 업적 가운데 중요한 것 하나가 단위의 통일이었어.

| 진시황제 무덤에서 발굴된 병마용

• 진나라 •

중국을 통일한 진시황제

04

신석기 시대 기원전 8000년경
신석기 문명이 탄생함

은나라 기원전 1600년경
문자와 청동기를 사용하기 시작함

춘추 전국 시대 기원전 551년
공자가 태어남

진나라 기원전 221년
진시황제가 중국을 통일함

한나라 기원전 139년
장건이 원정을 떠남

위진 남북조 시대 317년
호족이 중국의 북쪽을, 한족이 남쪽을 차지함

수나라 610년
대운하를 완성함

당나라 618~900년경
장안이 세계적인 도시가 됨

송나라 1141년
악비가 감옥에 갇혀 처형됨

원나라 1279년
쿠빌라이 칸이 중국 전체를 지배함

명나라 1405년
정화가 대항해를 시작함

청나라 1782년
《사고전서》를 완성함

청나라 1840년
아편 전쟁이 일어남

청나라 1872년
중국 어린이들이 미국 유학을 떠남

중화민국 1912년
아시아 최초의 공화국이 탄생함

중화 인민 공화국 1949년
중국이 사회주의 국가가 됨

1974년, 중국의 서안 근처에서 있었던 일이야. 농부 몇 사람이 농사에 필요한 물을 구하려고 우물을 파고 있었어. 땅을 6미터쯤 파고 들어갔을 무렵, 안쪽에 텅 빈 것 같은 공간이 눈에 확 들어왔어. 이 소식을 들은 고고학자들이 우르르 몰려와 땅속을 조사했어.

"사람이 있다!"

누군가 말했어. 사람? 살아 있는 사람일 리는 없고, 그럼 미라 같은 거라도 있단 말이야? 자세히 살펴보니, 갑옷을 입은 병사 모습의 인형이었어. 땅속을 좀 더 파 보았어. 그러자 거대한 지하 세계가 펼쳐졌고, 흙으로 빚은 엄청난 수의 병사 인형들이 모습을 드러냈어. 기병도 있고 보병도 있고, 말과 마차도 셀 수 없

兵馬俑
병사 **병** 말 **마** 인형 **용**

활쏘는 자세의 병마용
무릎을 꿇고 활을 쏘려고 앉아 있는 병사의 모습이야. 활은 보이지 않지만, 손 모양을 보니, 만들 때에는 손에 쥐어져 있었던 게 틀림없어.

이 많았어. 모두 헤아려 보니, 인형은 무려 7300여 개나 되었단다.

이것이 바로 중국 사람들이 세계 7대 불가사의에 이어 여덟 번째 불가사의라고 자랑하는 병마용이야. 병마용은 '병사와 말 모양의 인형'이라는 뜻이야.

병마용이 대단한 건, 수와 규모 때문만은 아냐. 놀랍게도 이 수많은 병사 인형 가운데 모양이 똑같은 건 단 하나도 없어. 병사들의 자세, 얼굴 표정이 다 달라. 어떤 건 공손한 자세로 두 손을 모으고 서 있고 어떤 건 활을 쏘려고 자세를 잡고 앉아 있어.

심지어 머리 빗질한 모양도 다르고 상투 튼 모습도 다르고 수염도 제각각이야. 눈, 코, 입도 모두 조금씩 달라. 그야말로 개성이 넘쳐 흘러.

그렇다면 병사들은 어째서 이처럼 다양한 모습을 하고 있는 걸까? 또 이 어마어마한 지하 세계는 어떻게 만들어졌을까? 자, 그럼 비밀을 하나씩 풀어 보자꾸나.

황제의 나라가 탄생하다

진秦나라는 춘추 시대까지만 해도 서쪽 변방의 작은 나라였어. 다른 나라들보다 경제력도 약했고, 문화 수준도 낮았어. 주변에 강과 산이 많아서 이웃 나라들과 교류하는 것이 쉽지 않았기 때문이야. 하지만 그 덕분에 좋은 점도 있었어. 동쪽의 여러 나라들이 서로 다투는 동안 진나라는 꾸준히 나라의 힘을 쌓을 수 있었으니까. 게다가 진나라는 동쪽 나라들의 좋은 인재들을 많이 받아들였어. 법가의 대표 인물인 상앙도 그 중 한 사람이었어.

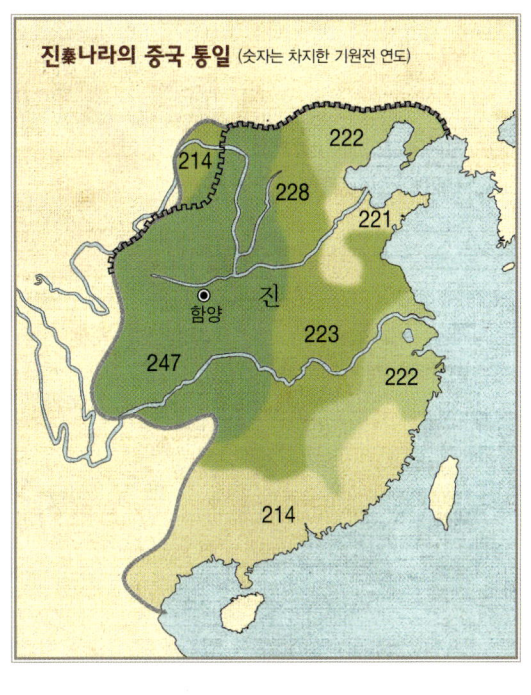

기원전 221년 진나라는 전국 칠웅 가운데 여섯 나라를 모두 정복했어. 중국을 통일한 거야.

통일의 주역은 '정政'이라는 진나라 왕이었어. 정은 다른 나라 영토를 정복했어. 하지만 정복하는 것보다 정복한 땅을 다스리는 게 더욱 어려운 법이란다. 정은 이 문제를 어떻게 풀어 나갔을까?

정은 지도자는 오직 자신뿐이라는 걸 천하에 알려야 한다고 생각했어. 정복당한 사람들이 겉으로는 복종하는 척해도 마음속으로는 따르지 않을 테니까 말이야. 그래서 우선 자기에게 알맞은 칭호를 만들기로 했어.

"지금까지 나라의 최고 우두머리는 왕이라고 했다. 하지만 나는 왕 중의 왕이니까 훨씬 더 멋진 칭호가 필요해."

중국 신화에 나오는 영웅들 중에 '삼황오제'가 있어. 중국 사람들은 삼황오제가 다스린 시대를 태평성대라 여겼지. 진나라

三皇五帝
석 삼 임금 황
다섯 오 임금 제

정은 삼황오제처럼 중국을 잘 다스리고 싶었어. 그래서 '삼황'의 '황'과 '오제'의 '제'를 따서 '황제'라는 이름을 쓰기로 했어. 그러고는 자신은 최초의 황제라는 뜻으로 '시황제'가 되고, 그 다음부터는 2세·3세 황제가 된다고 선언했어. 정 왕이 바로 너희들도 잘 아는 '진시황제'란다.

시황제, 제도를 정비하다

멋진 이름을 만든 시황제는 넓어진 영토를 어떻게 다스릴지 고민하기 시작했단다. 시황제는 신하들을 모아 의견을 듣기로 했어. 먼저 순우월이라는 사람이 말했어.

"황제께서 직접 다스리기엔 땅이 너무 넓습니다. 예전에 주나라가 그랬던 것처럼 봉건제를 시행해야 합니다."

그러자 이 말을 듣고 있던 신하 이사가 입을 열었어.

"하지만 주나라는 봉건제를 시행하는 바람에 분열하고 말았습니다. 군현제를 실시해야 합니다."

시황제
중국 최초의 황제, 시황제의 모습을 그린 거야. 오른손으로 무언가를 가리키며 근엄한 표정으로 명령을 내리고 있는 것 같구나.

잠깐, 여기에서 '봉건제'는 뭐고 '군현제'는 뭘까? '봉건제'는 군주가 직접 다스릴 땅을 조금 놔두고 나머지 땅을 가족과 친척, 공을 세운 신하들에게 나누어 주는 제도야. 하지만 세월이 많이 흐르면 그들 사이가 계속 멀어져 결국에는 남남이 되고 아예 딴 나라가 되어 버릴 수도 있어. 주나라처럼 말이야.

'군현제'는 군주가 관리들을 파견해서 다스리는 제도야. 군주는 각 지역에 내려간 지방관들에게 명령을 내리고, 지방관들은 군주에게 보고를 해야 하지. 봉건제처럼 땅을 주고 알아서 하라고 놔두는 게 아니라 직접 관리하는 거야. 그러니까 시간이 지나도 나라가 분열할까 봐 걱정하는 일도 적었겠지? 시황제는 강력한 군주가 되기 위해 군현제를 실시하기로 했어.

封建制
봉할 봉 세울 건
만들, 법도 제

郡縣制
고을 군 고을 현
만들, 법도 제

시황제는 북방 유목 민족의 침입을 막기 위해 성을 쌓았어. 그리고 경제를 통일시키기 위해서도 애썼단다. 온 나라에서 사용할 수 있도록 화폐를 통일했어. 전국 시대에는 나라마다 다른 모양의 화폐를 사용하고 있었거든. 시황제는 동전을 둥글게 만들고 가운데에 네모난 구멍을 뚫도록 했어. 실로 꿰어 묶기 위한 거였지.

길이와 부피와 무게를 재는 단위(도량형)도 통일했어. 이건 진나라가 통일하기 전에 상앙이 했는데, 시황제가 중국 전체에 널리 퍼뜨린 거야. 그리고 양쪽 수레바퀴 사이의 간격도 통일하고 이에 따라 도로의 폭도 일정하게 만들었어. 규격에 알맞게 마차를 만들면 어느 도로든 갈 수 있게 했단다.

문자를 통일한 것도 빼놓을 수 없겠구나. 전국 시대에는 모든

진나라의 통일 화폐
시황제가 만들어 온 나라에서 쓰게 한 화폐야. 둥근 모양의 동전에 네모난 구멍이 뚫려 있어. 오른쪽 아래는 동전을 만들 때 사용한 틀이란다.

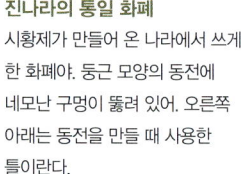

진나라 때 만든 도로
2000년이 흐른 오늘날까지도 흔적이 남아 있어. 오랜 시간 동안 지나다녀서 자연스럽게 생긴 길이 아니라 사람이 일부러 닦아서 만든 길이야. 지금의 중국 섬서성에 있어.

나라가 한자를 사용했지만, 같은 한자라도 글자의 모양이 달랐어. 시황제는 이대로 놔두면 서로 간에 의사소통이 잘 안 되어 나라를 다스리기 어렵다고 생각했어. 그래서 한자 모양을 하나로 통일했단다.

만리장성은 시황제가 만들었다?

'만리장성' 하면 시황제가 다 만든 것으로 알고 있는 사람들이 많아. 하지만 시황제 혼자만의 작품이 아니야. 장성을 처음 만든 건 전국 시대부터야. 중국의 북쪽에 위치한 제후국들이 흉노의 침입을 막기 위해 만들기 시작했어. 하지만 제후국들이 만든 장성은 자기네 나라의 필요에 따라 만든 거라서 여기저기 흩어져 있었어. 시황제가 이 끊어진 마디들을 이어 길이를 더욱 늘린 거야.

진나라가 멸망한 뒤에도 흉노의 침입은 끊이지 않았어. 진나라 이후에 등장한 나라들도 장성을 조금씩 고치고 이어나갔지. 공사를 가장 크게 벌인 건 명나라였어. 원나라를 세웠다가 북쪽으로 쫓겨 간 몽골족이 명나라를 끊임없이 위협했거든. 이처럼 2000년이 넘게 만들어지면서 오늘날 '만리'나 되는 장성이 탄생하게 된 거야.

만리장성

밝혀지는 지하 군단의 비밀

시황제는 왕위에 오르자마자 시안의 여산이라는 곳에 자신의 무덤을 만들기 시작했어. 그러면서 누군가가 자기 무덤을 파헤칠까 봐 걱정이 되었던 모양이야. 그래서 무덤에 화살 자동발사기도 만들어 두었다고 해. 그뿐만이 아니야. 공사 기술자들이 나중에 비밀을 누설할까 봐 공사가 끝난 뒤 무덤에서 못 나오게 길을 막아 버렸대. 그것만으로도 안심이 되지 않았나 봐. 그래서 만든 것이 앞에서 말한 지하 군단 병마용이야.

이제, 우리가 맨 처음 던졌던 질문에 대해 다시 생각해 보자꾸나. 시황제는 이토록 거대한 규모의 지하 군단을 어떻게 만들 수 있었을까? 시황제는 군현제를 실시해서 나라 전체를 직접 다스릴 수 있었고, 화폐와 도량형 그리고 문자를 통일해서 나라를 효

율적으로 다스릴 수 있었어. 그랬기 때문에 수많은 백성들을 끌어 모아 대규모 공사를 할 수 있었던 거야.

아직 한 가지 의문은 풀리지 않는구나. 왜 병마용을 그토록 개성 넘치게 만들었을까? 똑같은 모양으로 만들었으면 좀 더 쉬웠을 텐데 말이야.

곰곰이 생각해 보아도 답이 잘 떠오르지 않는구나. 하지만 이거 하나는 생각해 볼 수 있을 거 같아. 시황제가 통일하기 이전, 그러니까 춘추 시대와 전국 시대에 제자백가가 유행했다는 거 기억나니? 제자백가들은 다양한 사상과 학문을 발전시킨 사람들이었어.

제자백가들은 중국이 진나라로 통일된 뒤에도 진나라의 관리로, 학자로 살았을 거야. 시황제는 어쩌면 병마용을 만들 때 이들을 고용했을 거야. 그 결과 제자백가의 다양한 사상이 표현된

焚書坑儒
불사를 분 글 서
구덩이 갱 선비 유

책을 불태운 걸 '분서'라고 하고 유학자들을 생매장한 사건을 '갱유'라고 해.

개성 넘치는 지하 군단이 탄생한 것은 아닐까?

그런데 여기서 잠깐! '분서갱유'에 대해 알고 있는 친구라면 이런 질문을 던질 수도 있겠구나.

"시황제는 책을 불태우고 유학자들을 산 채로 묻어 버린 폭군이었다는데, 다양한 생각을 가진 학자들에게 일을 시켰을까요?"

여기에서 '분서'와 '갱유'는 서로 다른 사건이야. '분서'는 농업이나 의학 같은 실용적인 분야의 책만 남겨 놓고 유학자의 경전들을 모조리 불태운 사건이야. '갱유'는 시황제가 자신과 의견이 다른 학자 460명을 생매장한 사건이고. 그래서 시황제가 폭군이었다고 말하는 학자들도 많아.

다시 말해 시황제가 모든 학문과 학자를 억압한 건 아니라는 거야. 유가 사상을 억압한 건 사실이지만 법가 사상을 비롯해 나라를 다스리는 데 도움이 되는 학문은 모두 수용했단다. 중국을 하나로 통일하면서도 동시에 다양한 생각을 받아들일 줄 알았던 황제였던 거지. 어쩌면 모두 다른 7000여 개의 병마용이 바로 그 증거가 아닐까?

중국을 탄생시킨 시황제

시황제가 다스린 진나라는 그리 오래가지 못했어. 16년 만에 망하고 말아. 시황제는 중국을 통일했지만, 장성을 쌓고 아방궁이

아방궁터와 발견된 유물
아방궁은 시황제가 지은 궁궐이야. 7만 명이 동원되어 만든 엄청나게 큰 궁궐이었지만 지금은 그 흔적만 남아 있단다. 항우의 공격을 받아 불타 버렸는데 전부 다 타는 데 3개월이나 걸렸다는구나. 아래는 아방궁터에서 발견된 와당이야.

라는 큰 궁궐을 짓고 자기 무덤을 만드느라 너무나 많은 백성들을 희생시켰어. 전체 인구의 15퍼센트가 공사에 동원되었다는구나. 게다가 시황제가 죽고 나자 그동안 참았던 백성들이 반란을 일으켰어. 그러던 때 항우가 진나라를 공격했고 진나라는 멸망하게 된 거야. 그 뒤 유방이라는 새로운 영웅이 나타나서 항우를 물리치고 한나라를 세우게 되지.

시황제는 중국을 최초로 통일한 군주였고, 중국 최초의 황제였어. 시황제가 죽자마자 진나라는 곧 망했지만, 시황제가 만들거나 들여온 제도들은 이후에도 사라지지 않았어. 군현제는 이후 청나라 때까지 2000년 동안 중국의 황제들 대부분이 채용했어. 물론 필요에 따라서는 봉건제의 방식도 함께 사용했지만, 그

건 군현제를 보완하기 위한 것에 불과했단다.

　시황제가 통일한 화폐와 도량형도 이후의 통치자들이 약간씩 바꾸긴 했지만, 기본 틀은 오랫동안 유지되었어. 문자도 마찬가지야. 문자에 대해서는 심지어 이렇게 말하는 학자들도 있어. 중국이 청나라 때까지 2000년 동안 갈라지고 합쳐지는 과정을 수없이 되풀이하면서도 지금처럼 하나의 국가로 남을 수 있었던 건, 바로 시황제가 문자를 통일했기 때문이라고 말이야.

온 나라를 다니며 민심을 살피는 순행

시황제는 중국을 통일한 다음 해에 '순행(巡幸)'을 떠나기로 했어. 순행이란 군주가 나라 안을 돌아다니며 민심을 살피는 것을 말해. 요즘도 대통령이나 국무총리가 여러 지방을 다니며 시찰을 하지? 그것과 비슷하다고 생각하면 된단다.

시황제의 순행 길은 규모가 크고 화려했어. 큰 마차 세 대가 지나갈 수 있을 만큼 넓게 만든 도로를 이용했어. 황제만 다니는 도로였지. 순행 길에 오른 큰 마차만 80대였고 마차마다 13~15명의 병사가 호위했어. 어느 학자가 계산해 보았는데, 순행 길에 나선 사람은 모두 1200~1500명이나 되었을 거라는구나.

시황제는 이렇게 큰 규모의 순행을 다섯 번이나 했어. 재위 기간의 3분의 1에 해당하는 시간을 순행하는 데 썼던 거란다. 순행한 지역도 무척 넓어. 주로 중국의 동쪽이긴 했지만, 황하와 장강을 모두 넘나들 정도로 넓은 지역을 다녔단다.

시황제는 왜 순행을 다녔을까? 아마도 자기가 생각한 대로 나라 곳곳이 잘 다스려지고 있는지 궁금했을 거야. 자신의 발아래에 무릎을 꿇은 전국 시대의 여섯 나라 사람들에게 "짐이 그대들의 땅을 하나로 합한 것은 그대들에게 평화와 안정을 가져다주기 위해서였노라"라고 말하고 싶었을 거고.

아 참, 시황제가 죽지 않고 영원히 살기 위해 불로초를 구하려고 애썼다는 이야기 들어 본 적 있어? 어떤 학자들은 시황제가 불로초를 찾기 위해 순행을 다녔다고 이야기하기도 해.

시황제가 죽은 이후에도 순행을 떠난 황제가 많았어. 2000년 동안 이어진 순행의 전통 역시 시황제가 만든 셈이지.

진시황릉에서 나온 청동 마차
시황제는 순행할 때 이런 마차를 타고 다녔을 거야. 진시황릉의 서쪽 부분에서 발견되었어.

| 낙타 무리와 실크로드를 건너고 있는 일행

• 한나라 •

실크로드가 열리다

05

신석기 시대 기원전 8000년경
신석기 문명이 탄생함

은나라 기원전 1600년경
문자와 청동기를 사용하기 시작함

춘추 전국 시대 기원전 551년
공자가 태어남

진나라 기원전 221년
진시황제가 중국을 통일함

한나라 기원전 139년
장건이 원정을 떠남

위진 남북조 시대 317년
호족이 중국의 북쪽을, 한족이 남쪽을 차지함

수나라 610년
대운하를 완성함

당나라 618~900년경
장안이 세계적인 도시가 됨

송나라 1141년
악비가 감옥에 갇혀 처형됨

원나라 1279년
쿠빌라이 칸이 중국 전체를 지배함

명나라 1405년
정화가 대항해를 시작함

청나라 1782년
《사고전서》를 완성함

청나라 1840년
아편 전쟁이 일어남

청나라 1872년
중국 어린이들이 미국 유학을 떠남

중화민국 1912년
아시아 최초의 공화국이 탄생함

중화 인민 공화국 1949년
중국이 사회주의 국가가 됨

166년 대진(로마 제국)의 군주 안돈(로마 황제 마르쿠스 아우렐리우스)이 천자에게 사신을 보냈다. 그들은 상아, 물소뿔, 자라 등딱지를 바쳤다. 이리하여 그 나라와 직접 교역이 시작되었다.

중국 옛날 역사책《후한서》에 나오는 이야기야. 이 기록은 로마 황제가 한나라 황제에게 사신을 보내 교역을 요청했다는 내용이란다. 이탈리아와 중국은 지금은 비행기로 10시간이면 갈 수 있는 거리지만 2000여 년 전에 어떻게 그 먼 길을 다녔을까? 그건 더 먼 옛날부터 상인이나 여행자들이 위험을 무릅쓰고 유럽과 중국을 오가면서 길을 만든 덕분일 거야. 마치 일부러 닦아 놓은 듯하지만 원래는 오랜 시간 여러 사람들이 다니면서 서서히 생긴 등산로 같은 길이야.

그럼 지금부터 유럽과 중국을 잇는 길이 어떻게 생겨났는지 그리고 그 길로 어떤 사람들이 다니고 어떤 물건들이 오갔는지를 살펴보자꾸나.

흉노의 등장

흉노 왕의 금관
둥근 띠 부분에는 맹수가 웅크리고 있고 맨 위에 독수리가 앉아 있는 모양이야. 흉노는 군사력뿐 아니라 우수한 문화를 가진 나라였어.

진秦나라가 멸망한 뒤에 한나라가 건국되었어. 유방은 항우와 벌인 전쟁에서 승리하고 한나라의 첫 번째 황제가 되었단다. 그리고 한동안 한나라는 평화로운 시대를 맞이했어. 진나라 때의 제도를 이어서 나라를 안정시키고 전쟁을 줄여서 나라의 살림살이도 튼튼하게 했어.

하지만 한나라의 북쪽에는 흉노라는 유목 민족이 버티고 있었어. 진나라 때부터 중국을 괴롭혔던 흉노는 묵특 선우라는 인물이 등장하면서 더욱 강력해졌어. 여기에서 '묵특'은 이름이고 '선우'는 왕을 뜻해. 한나라는 흉노에 맞섰지만 속수무책이었어. 한나라의 첫 번째 황제 유방은 흉노를 공격하다가 포위당해서 거의 붙잡힐 뻔했는데, 묵특 선우의 부인에게 몰래

한나라와 흉노의 싸움
한나라와 흉노가 전투를 벌이는 모습이야. 한나라 사람들은 흉노를 꺾은 걸 기념하려고 이런 그림들을 많이 남겼단다.

뇌물을 주고서야 겨우 살아서 돌아왔다고 해. 그 뒤 한나라는 흉노의 침입을 막기 위해 해마다 비단과 곡물을 바쳐야 했어.

그러다 한나라 일곱 번째 황제 무제가 즉위하자 상황은 바뀌었어. 여기서 잠깐. '한 무제'라는 황제, 어디서 많이 들어 본 거 같지 않아? 기원전 108년에 고조선을 멸망시키고 낙랑, 진번, 임둔, 현도라는 4개의 군을 두고 다스렸던 한나라의 황제야.

무제가 왕위에 오르기 전까지는 흉노가 공격해 오면 막기에 급급했지만, 무제는 먼저 공격해서 흉노의 기를 꺾고 싶었어. 그러던 어느 날, 흉노에서 항복해 온 사람들이 하는 말을 듣게 되었어.

"얼마 전에 흉노가 월지를 격파하고 월지 왕의 해골로 술잔을 만들었습니다. 월지는 이 치욕을 갚으려고 흉노를 함께 공격할 나라를 찾고 있습니다."

서쪽으로 떠나는 장건
중국 북서쪽의 돈황이라는 곳에서 발견된 벽화야. 장건이 서쪽 나라로 떠나는 모습을 그린 거란다.

여기서 월지는 어떤 나라일까? 흉노와 마찬가지로 유목 민족이 세운 나라인데, 흉노에게 쫓겨서 서쪽으로 옮겨갔어. 하지만 월지의 세력은 여전히 컸어. 무제는 월지와 동맹을 맺어 흉노를 공격하기로 결심했어.

장건의 서역 원정

무제는 월지에 갈 사신으로 장건이라는 사람을 뽑았어. 장건은 10년 만에 월지에 겨우 도착할 수 있었어. 월지에 도착하기 전에 흉노에게 사로잡혀 포로 생활을 했거든. 그렇게 어렵게 찾아갔는데 월지 왕은 동맹을 맺자는 한나라의 제안을 받아들이지 않앉어. 한나라가 월지와 너무 멀리 떨어져 있어서 도움을 받기가 쉽지 않을 거라고 생각했던 거지.

그로부터 10년이 지난 뒤 장건은 다시 한 번 서쪽으로 떠나게 되었어. 이번에는 오손이라는 나라와 동맹을 맺기 위해서였지. 장건은 오손 왕에게 한나라와 연합하면 어떤 점이 좋은지 이야기했지만, 흉노의 복수가 두려웠던 오손 왕은 제안을 거절했어. 장건은 또 한 차례 실패를 맛보아야 했지. 결국 장건은 두 번이나 서쪽을 다녀왔지만 아무런 성과도 거두지 못했던 거야.

"그럼, 왜 장건에 대해서 이야기한 거죠?" 하고 물어볼 친구도 있겠구나. 만약 모든 것이 이대로 끝났더라면 장건의 이야기를 꺼내지 않았겠지? 중요한 이야기는 이제부터란다.

장건은 중국에서 서쪽 나라(서역)로 가는 길을 최초로 알린 사

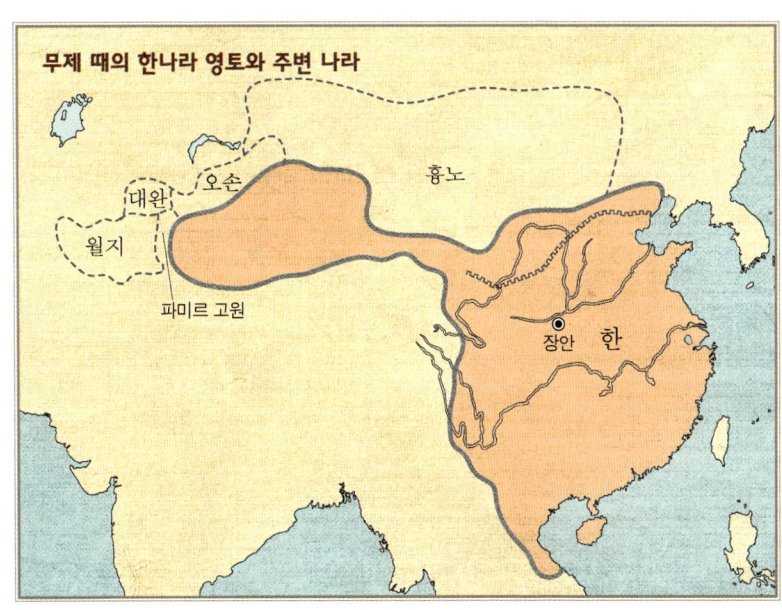

람이야. 그 길은 서역 사람들이 오랜 세월 동안 사용해 왔는데, 장건이 두 차례 서역을 오가면서 비로소 중국 사람들에게도 알려지게 된 거지.

그뿐 아니야. 장건은 첫 번째 파견되었을 때, 월지, 오손, 대완 등 서쪽 여러 나라들이 한나라와 군사 동맹은 원하지 않아도 교역하기는 간절히 원한다는 사실을 알게 되었어. 그들은 한나

피 같은 땀을 흘리는 말

서역 원정을 마치고 돌아온 장건은 무제에게 '대완'이라는 나라에 대해 보고했어.

"그곳에는 좋은 말이 있었습니다. 그 말의 조상은 천마天馬인데, 하루에 천 리를 달리고 피 같은 땀을 흘립니다."

이 말은 '피 같은 땀을 흘리는 말'이라는 뜻으로 '한혈마汗血馬'라고 해. 무제는 장건의 말을 듣고 크게 기뻐했어. 흉노의 강한 기마 부대에 맞서 싸울 때, 한나라는 좋은 말이 없어서 늘 어려움을 겪었거든. 무제는 당장 대완에 사신을 보내서 한혈마를 보내 달라고 했지만 거절당하고 말았어. 그래서 이광리 장군을 보내 대완을 공격했고, 이를 견디지 못한 대완 사람들은 화해를 요청하고 한혈마 수십 필을 보냈어.

꿈에 그리던 한혈마를 얻은 무제는 이광리에게 '이사 장군'이라는 칭호를 내리고, '천마가'라는 시를 지었다는구나. 옆에 있는 사진이 바로 그 한혈마의 조상인 천마를 본떠 조각한 거야. 꼬리를 치켜세우고 하늘을 나는 듯한 모습이 정말 힘이 넘쳐 보이지 않니?

구리로 만든 천마
한혈마의 조상인 천마를 본떠 조각한 거야. 뒷발로 제비를 밟으며 달려가고 있어. 하늘을 나는 제비보다 더 빠르다는 걸 나타내는 거야.

라가 땅이 넓고 물자가 풍부하다는 걸 알고 있었거든.

　장건이 두 번째 파견되었을 때는 돌아오는 길에 여러 나라에 부하들을 남겨 두었어. 나중에라도 서쪽 나라와 한나라가 서로 교역할 수 있도록 말이야. 장건이 죽은 뒤에도 그가 중국에 알린 교통로와 다양한 정보들은 중국의 대외 교류에 큰 영향을 끼친단다.

로마를 향하여

장건이 살았던 시대만 해도 흉노의 세력이 무척 강했어. 그러나 무제에게 공격을 받기 시작한 흉노는 크게 기울었어. 한나라의 수많은 장군들이 흉노를 꺾는 데 앞장섰는데, 그중에서도 가장 눈에 띄는 사람이 바로 반초라는 장군이야.

　흉노를 꺾은 반초는 서역을 장악하게 되었어. 하지만 반초는 서역을 다스리는 것에 만족하지 않았어. 서쪽으로 더 멀리 떨어진 곳에서 이름을 떨치고 있던 로마 제국과 직접 교류하고 싶어 했어. 그래서 자신의 부하 감영을 로마 제국으로 보냈지.

　감영이 서쪽으로 떠난 길이 200여 년 전 장건이 발견한 길이야. 우선 감영은 한나라와 로마 제국 사이에 있는 파르티아라는 나라에 도착했어. 파르티아는 지금의 이란쯤에 있던 나라야. 그리고 드디어 지중해 동쪽 해안 앞까지 갔어.

흉노를 누른 한나라
곽거병의 묘 앞에 있는 돌 조각상이야. 곽거병은 흉노를 공격해 큰 공을 세운 장군이야. 말이 무언가를 발로 밟고 있는 거 보이지? 한나라가 흉노를 눌렀다는 걸 보여 주는 거야.

"이 바다만 건너면 로마 제국이다!"

감영은 파르티아 선원들을 고용해서 배를 타려고 했어. 그런데 선원들이 이렇게 충고했어.

"날씨가 좋으면 석 달 만에도 건널 수 있소. 하지만 날씨가 나쁘면 2년이 걸린 적도 있으니 넉넉하게 3년 치 식량을 준비하는 게 좋을 거요."

감영은 조금 마음이 흔들렸지. 그러자 그들은 더 겁을 주었어.

"망망대해에 들어서면 향수병에 걸려 죽는 사람들도 많다오."

감영은 결국 로마 제국으로 가려는 꿈을 포기하고 말았어. 감영을 보내 로마 제국과 직접 교류하려고 한 반초의 계획이 물거품이 된 거지.

비록 실패했지만, 반초의 계획 덕분에 중국에서 서쪽으로 가

는 길이 더욱 넓어졌어. 그뿐이겠어? 파르티아를 오가던 로마 제국의 사람들은 중국에서 온 감영이라는 인물에 대한 이야기를 들었을 거고, 그들은 로마 제국으로 돌아가 중국으로 가는 길이 있음을 알렸을 거야. 그로부터 50년이 지난 뒤, 로마 제국의 사절단이 중국에 왔단다.

동서 교류의 길이 열리다

장건과 반초가 열어 놓은 길을 따라서 서역 사람들이 한나라로 몰려들기 시작했어. 저 멀리 파르티아 사람들도 한나라에 왔어. 상아, 호박, 향료, 유리, 양탄자 같은 걸 한나라로 가져와서 팔았고, 벌어들인 돈으로 한나라의 비단, 도자기, 철, 거울 같은 청동 제품 등을 사서 자기네 나라로 돌아가서 팔았어.

　사람들은 이 길을 실크로드(Silk Road)라고 해. 19세기 말 독일의 지리학자가 만든 말이야. 우리말로 하면 '비단길'이야. 왜 비단길이라고 부르는 걸까? 상인들이 비단을 싣고 다니던 길이었기 때문에 비단길이라고 이름 붙였지. 물론 비단만 주고받진 않았지만, 서역 사람들 사이에서 중국의 비단이 가장 인기가 많았던 모양이야.

　실크로드는 물건들만 오고간 길이 아니었어. 가수나 춤꾼, 마술사, 화가, 조각가, 건축가 같은 예술가들, 선교사와 순례자 등

실크로드를 건너 중국에 온 천
인도 쿠샨 왕조에서 만든 천이야. 중국 서쪽의 신강 지역에서 발견되었어. 남색 천에 흰색으로 염색이 되어 있어. 왼쪽에 여인의 모습이 보이지? 풍요를 상징하는 여신이라는구나. 이 천도 아마 실크로드를 통해 중국에 들어왔을 거야.

수많은 사람들이 이 길을 오가면서 문화를 주고받았어.

한나라가 망한 뒤에도 실크로드는 사라지지 않았어. 새로운 나라가 들어선 뒤에도 중국 사람들은 서쪽 사람들과 계속 교역했어. 2000년 동안 서쪽 맨 끝의 유럽 사람들, 아라비아 상인들, 중앙아시아 사람들이 실크로드를 통해 새로운 물건과 문화들을 가져다 주었고, 중국을 더욱 풍요롭게 만드는 데 기여했던 거야.

사마천이 남긴 최고의 역사책

《사기》는 한나라의 사마천이 신화에 나오는 황제黃帝부터 한나라 무제까지 3000년의 중국 역사를 기록한 책이야. 《삼국지연의》와 더불어 우리나라 사람들이 가장 많이 읽는 중국 고전이지. 역사 속 사람들의 삶이 마치 살아 움직이는 듯 생생하게 기록되어 있어서 많은 학자들이 '세계에서 가장 위대한 역사책'이라며 《사기》를 높이 평가하곤 해.

사마천은 이 책을 쓰기 위해 자료가 될 만한 것은 모조리 찾아 살펴보았어. 그뿐이 아니야. 역사 인물들이 활동했던 현장을 직접 답사하면서 유적지를 둘러보고 그곳 사람들의 이야기를 모으기도 했어.

사마천의 삶은 그리 평범하지 않았어. 사마천이 《사기》를 한창 쓸 무렵, 이릉이라는 장군이 한 무제의 명을 받아 흉노를 공격했어. 이릉은 용감히 싸웠지만 흉노의 대군을 이길 수 없었고 결국 항복하고 말아.

그러자 한나라의 모든 관리들이 이릉을 배신자라고 욕했지만 사마천은 달랐어.

"이릉 장군이 항복한 것은 그럴 만한 사정이 있었기 때문일 겁니다."

그러나 무제는 사마천의 말을 반역이라고 여겨 궁형을 선고했어. 궁형은 생식기를 제거하는 벌로 무척 치욕스러운 형벌이었지. 사마천은 자살을 생각하기도 했어. 하지만 곧 이렇게 결심했어.

"명예를 중요하게 생각해서 죽음을 선택하는 것보다 내 책이 세상 사람들에게 전해지지 않는 것이 더 두렵다."

사마천은 온갖 고통과 치욕을 이겨 내며 글을 써 나갔고, 마침내 《사기》를 완성했지.

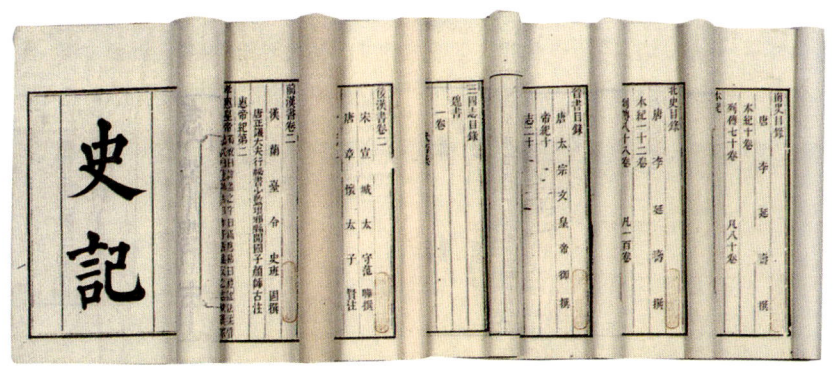

《사기》
《사기》는 모두 130권이야. 사마천이 살았을 때는 종이도 없었고 인쇄술도 없었어. 처음 지을 때는 대나무에 글을 쓰고 이것들을 이어 붙여서 책을 만들었어. 사진 속 《사기》는 2000년 가까이 시간이 흐른 뒤 청나라 때 종이에 인쇄해서 만든 거야.

| 중국에서 가장 큰 석굴 사원인 운강 석굴

• 위진 남북조 시대 •

황제를 닮은 부처

06

신석기 시대 기원전 8000년경
신석기 문명이 탄생함

은나라 기원전 1600년경
문자와 청동기를 사용하기 시작함

춘추 전국 시대 기원전 551년
공자가 태어남

진나라 기원전 221년
진시황제가 중국을 통일함

한나라 기원전 139년
장건이 원정을 떠남

위진 남북조 시대 317년
호족이 중국의 북쪽을, 한족이 남쪽을 차지함

수나라 610년
대운하를 완성함

당나라 618-900년경
장안이 세계적인 도시가 됨

송나라 1141년
악비가 감옥에 갇혀 처형됨

원나라 1279년
쿠빌라이 칸이 중국 전체를 지배함

명나라 1405년
정화가 대항해를 시작함

청나라 1782년
《사고전서》를 완성함

청나라 1840년
아편 전쟁이 일어남

청나라 1872년
중국 어린이들이 미국 유학을 떠남

중화민국 1912년
아시아 최초의 공화국이 탄생함

중화 인민 공화국 1949년
중국이 사회주의 국가가 됨

먼저 옆에 있는 사진을 보렴. 바위에 동굴처럼 구멍이 숭숭 뚫려 있지? 그리고 구멍마다 불상이 들어 앉아 있어. 이건 '운강 석굴'이라는 불교 사원이야. 우리가 알고 있는 절하고는 많이 다르지? 이 절은 바위산을 뚫어서 만들었어. 그래서 '석굴 사원 石窟寺院'이라고 해. 운강 석굴을 이루는 엄청나게 많은 불상 가운데 가장 눈에 띄는 게 하나 있어. 72쪽 사진을 한번 볼래? 운강 석굴의 본존 불상이야. 불상 중에서도 으뜸가는 불상이지. 본존 불상의 모습을 자세히 살펴봐. 얼굴에 살짝 웃음을 머금고 있어.

그런데 내가 보기엔, 일반적인 불상에서 볼 수 있는 인자한 미소와 좀 다른 거 같아. 자신감이 가득 차 있으면서도 근엄해

운강 석굴 본존 불상
석가모니가 앉아 있는 모습이야. 뚜렷한 이목구비에 자신감이 가득 차 있으면서도 근엄한 모습이 인상적이구나. 높이가 무려 13.7미터나 된단다.

보이거든. 몸집도 봐. 웅장하고 힘이 넘쳐 보이지 않니? 우리에게 친숙한 불상과 왜 이렇게 다르게 느껴질까? 우선 불상이 언제 만들어졌는지 알아보아야 할 것 같구나.

한족과 호족이 함께 있었던 시대

한나라는 서쪽의 로마 제국에 버금가는 대제국이었어. 북쪽으로는 흉노를 누르고, 남쪽으로는 베트남 북부까지 힘을 뻗쳤어. 동쪽으로는 고조선을 멸망시켰고, 서쪽으로는 장건과 반초가 발견한 길을 따라 영토도 넓혔어.

한나라는 문화적으로도 중국 역사에 큰 자취를 남겼단다. 앞에서도 이야기한 '한자漢字'는 바로 '한나라의 문자'라는 말에서 비롯한 거야. 또 오늘날 중국 사람은 한족이 92퍼센트이고 나머지 8퍼센트가 55개 소수 민족으로 이루어져 있는데, 여기서 말하는 '한족'도 '한나라 사람'이라는 뜻이야. 그러니까 한나라의 발자취가 2000여 년이 지난 오늘날까지도 남아 있는 셈이지.

한나라는 400년 동안 이어지다가 세 개의 나라로 나뉘어져. 조조의 아들이 세운 위魏나라, 유비가 세운 촉나라, 손권이 세운 오나라란다. 이 세 나라가 균형을 이루고 서로 힘을 겨루면서 발전했던 시대를 삼국 시대라고 해. 이후 세 나라는 위나라의 뒤를 이은 진晉나라에 의해 통일이 돼. 이처럼 위나라에서 진나라에 이르는 시기를 '위진 시대'라고 한단다.

이 무렵 북쪽에서는 유목 민족들이 서서히 힘을 기르고 있었어. 유목 민족들은 진나라가 약한 틈을 타서 중국의 북부를 차지했어. 이 유목 민족들을 역사책에서는 '호족'이라고 하지. 그리고 호족에게 밀려난 한족은 남쪽으로 내려가 그들만의 나라를 세우게 된단다.

한족을 밀어낸 다섯 개의 호족은 중국 북부의 여러 곳에서 앞서거니 뒤서거니 하며 모두 열여섯 나라를 세웠어. 열여섯 나라가 모두 망한

胡族
오랑캐 호 겨레 족

한족이 유목 민족을 가리킨 말이야. 한족과 같은 문명인이 아니라 오랑캐라는 뜻으로 '호족'이라고 했어.

무장한 북위 기마병
북위의 말 탄 병사들 모습이야. 병사는 머리부터 발끝까지 갑옷과 투구로 가리고 있고 말도 갑옷으로 덮어 무장하고 있어. 유목 민족의 관습이 많이 남아서 그런 거래.

뒤 '북위'라는 나라가 등장했어. 북위 역시 유목 민족이 세운 나라야. 북위는 중국 북부를 통일하고 200년 가까이 통치했어.

　이처럼 북쪽의 호족과 남쪽의 한족이 서로 대립하면서 함께 있던 시대를 중국사에서는 '남북조 시대'라고 해. 이때 중국의 북쪽을 차지한 호족이 세운 나라들을 북조, 남쪽으로 쫓겨 내려가서 한족이 세운 나라들을 남조라고 했지.

불교의 전래

중국의 북부를 차지한 호족의 황제들은 한족 백성들을 다스리는 것이 어려웠어. 한족 대부분은 남쪽으로 내려가지 않고 북쪽에 남아 있었거든. 호족은 한족을 어떻게 하면 자기편으로 끌어들일 수 있을까 고민했어.

　그때 백성들 사이에서는 불교가 유행하고 있었어. 불교는 원래 인도에서 시작된 종교인데, 한나라 말에 중국으로 전래되었어. 앞에서 장건이 열어 놓은 실크로드에 대해 이야기한 적 있지? 이 길을 따라 처음엔 상인들이 불교를 알려 주었고, 점차 시간이 지나면서 인도의 승려들이 직접 건너와 불교를 전했어. 불교는 나라 밖에서 들어온 종교였어. 그래서 처음엔 많은 사람들이 불교를 반대했다는구나.

　불교에서는 승려가 머리를 삭발하고, 죽으면 화장을 해. 불교가 중국에 들어오기 전부터 유교 사상을 중시했던 사람들은 부모가 준 육체를 훼손하는 거라며 절대 받아들이지 않았어. 또 불교의 승려들은 결혼을 하지 않는 거 알지? 이것도 무척 싫어했을 거야. 유교에서는 대를 잇는 것을 몹시 중시하는데 결혼을 안 하면 자식을 낳지 못하고 대가 끊기게 되니까. 이런 이야기가 있어. 딸이 승려가 되려고 하자 아버지가 말리면서 반드시 결혼하라고 했어. 그러자 딸이 말했어.

"저는 자신을 올바르게 수양하고 싶을 뿐입니다. 도대체 왜 아버지, 남편, 자식에게 복종하라고 하는 거죠?"

그렇게 반대가 심했던 불교가 점점 사람들의 마음을 사로잡기 시작했어. 불교는 남자와 여자, 계층과 인종을 차별하지 않았거든. 불교의 불상들을 유심히 보면 알 거야. 남자인지 여자인지, 신분이 무엇이고 피부색이 무엇인지 알 수가 없지? 모든 사람은 평등하다는 사상이 나타난 거야.

불교로 나라를 다스리다

중국 북부를 차지한 호족은 한족 사이에서 서서히 퍼지던 불교를 나라를 대표하는 종교로 선택했어.

마치 우리나라의 고구려, 백제, 신라의 지배층이 불교를 받아들여 왕권을 강화하고 백성들의 마음을 모았던 것처럼, 중국의 호족들도 나라를 다스리는 데 불교를 이용하려고 했던 거야.

왜 불교를 선택했을까? 한족은 불교가 외국에서 건너온 거라 중국의 전통문화를 깨뜨릴지도 모르기 때문에 많이 경계했지만, 호족은 불교에 대해 나쁜 감정이 없었어. 게다가 유목 민족은 불교가 들어오는 서역에 오래전부터 살았고 그 문화에 익숙했기 때문에 불교를 받아들이기가 훨씬 쉬웠을 거야.

그렇다면 호족이 세운 나라의 황제들은 불교를 어떻게 발전시켰을까? 여기에서 전진이라는 나라의 황제 부견 이야기를 해 줄게. 전진은 호족이 세운 열여섯 나라 가운데 하나야. 부견 황제는 우리에게도 잘 알려진 사람이야. 한국사를 떠올려보자꾸나. 소수림왕 때인 372년, 전진의 순도라는 승려가 불상과 불경을 고구려에 가지고 와서 불교를 전했어. 승려 순도를 고구려에 보낸 사람이 바로 전진의 부견 황제란다.

황제의 종교

부견 황제는 호족이었지만 불교의 경전, 그러니까 불경을 중국어로 번역하는 사업을 벌여서 중국의 불교 문화를 풍요롭게 한 인물이야.

부견 황제는 불경을 번역하기 위해 구마라습이라는 승려를 데려오기로 했어. 구마라습은 오늘날 중국 신강 지역에 있는 쿠차

쿠차의 석굴 벽화
구마라습의 고향 쿠차는 지금의 중국 신강 지역인데, 당시 불교가 크게 유행한 곳이었어. 사진은 쿠차의 키질 석굴이란 곳에 있는 불교 벽화야. 악공들을 그린 건데, 왼쪽의 남자는 비파를 뜯고 있고, 오른쪽의 여자는 피리를 불고 있어.

에서 태어났어. 일곱 살 때 승려가 되었고 인도에서 유학을 했지. 유학을 마치고 고향으로 돌아온 구마라습은 쿠차 왕에게 불교의 교리를 가르치고 상인들에게서 중국어를 배웠어. 인도의 산스크리트어와 중국어를 모두 할 줄 알았으니 불경을 번역하기에 딱 맞는 사람이었지.

부견 황제는 쿠차 왕에게 구마라습을 보내 달라고 했지만 쿠차 왕은 부견 황제의 요청을 거부했어. 그러자 부견 황제는 7만 명의 병사를 보내 쿠차를 정복해 버렸어. 놀랍지? 불교 사업이 얼마나 중요했으면, 불경을 번역할 사람을 데려오기 위해 전쟁까지 했겠어?

전진에 도착한 구마라습은 401년부터 불경을 번역하기 시작했어. 불경의 양이 얼마나 많던지, 3000명의 제자를 모아서 함께 번역했어. 8년 동안 400권 가까이 되는 책을 번역했다고 해. 이렇게 해서 불교의 이론이 중국에 전해졌고, 중국의 불교는 더욱 발전하게 되었단다. 그렇다고 해서 전진이라는 나라만 불교를 받아들이고 퍼뜨린 건 아니야. 호족이 세운 나라들 대부분이 불교를 널리 알리는 데 힘썼어.

중국 북부를 통일한 호족 왕조인 북위는 불교를 더욱 발전시켰어. 앞서 말한 운강 석굴은 북위 때 세운 석굴 사원이야, 운강 석굴과 비슷한 석굴 사원들이 곳곳에 만들어졌단다.

북위의 황제들은 석굴 사원을 세워서 백성들이 따르는 불교를 지배자도 따르고 있다는 것을 알렸지만, 그것만으로 백성들의 마음을 사로잡기 어렵다고 생각했어. 그래서 "황제는 곧 부처다"라고 선전하기 시작했어. 백성들이 우러러 존경하는 부처가 황제와 동일한 인물이라고 믿게 되면 자연스럽게 황제의 힘도 더욱 강력해지겠지.

자, 그럼 맨 처음에 궁금해 했던 문제를 다시 떠올려 보자꾸나. 북위 때 만든 운강 석굴의 본존 불상이 유난히 자신감이 가득 차 있으면서도 근엄해 보이고, 몸도 웅장하고 힘이 넘치는 것처럼 보였잖아? 내 생각에 북위의 황제들이 "황제는 곧 부처다"라는 걸 백성들에게 알리기 위해 부처의 조각상에 황제의 위엄을 담은 게 아닐까 싶어. 그래서 어떤 학자는 당시의 불교를 '황제의 종교'라고 말하기도 해.

이렇게 불교는 한나라 때 중국에 전해졌지만, 종교로 발전시키고 널리 퍼뜨린 건 한족이 아니라 호족이었어. 불교가 처음에는 '황제의 종교'였다는 평가도 받지만, 그 이후 1500년이 넘도록 중국 사람들의 생활 속에 뿌리 깊게 자리 잡아 오늘에 이르고 있단다.

하늘에 매달린 아슬아슬한 사원

옆의 사진을 봐. 가파른 절벽에 건물이 아슬아슬하게 붙어 있지? 절벽에 나무 기둥을 단단히 박아 넣고 그 위에 건물들을 얹힌 '현공사懸空寺'라는 사원이야. '현懸'은 '매달리다'라는 뜻이고, '공空'은 하늘이야. 그러니까 하늘에 매달려 있는 사원이란 뜻이지.

현공사가 아슬아슬한 건 단지 절벽에 붙어 있기 때문만은 아냐. 이 사원에는 유교 사당, 불교 사당, 도교 사당이 모두 있거든. 게다가 맨 윗부분에는 삼교전이라는 사당이 있는데, 이곳에는 '삼교', 그러니까 유교, 불교, 도교의 신을 한자리에 나란히 모셨지.

우리나라의 어느 사원에 부처와 예수를 한자리에 모셔 놓은 방이 있다고 생각해 봐. 정말 놀라운 일 아닐까?

현공사도 운강 석굴처럼 북위 때 만든 거야. 북위 황제들은 불교를 장려하고 발전시켰다고 이야기했지? 그렇다고 해서 다른 종교를 배척하진 않았던 거 같아. 백성들의 마음을 사로잡을 수 있다면 어느 종교든 활용하려고 했던 게 분명해.

현공사

이상향을 꿈꾼 시인, 도연명

'무릉도원'이란 말 들어 봤어? 도연명이 지은 〈도화원기〉라는 글에 나오는 말이야. 무릉도원은 이상향을 뜻해.

도연명은 남북조 시대의 남조 사람이야. 남조의 첫 번째 나라 동진이 멸망하자 도연명은 벼슬을 그만두고 시골로 내려갔어. 그곳에서 농사를 지으며 시를 읊고 글도 쓰면서 살았지. 〈도화원기〉는 그때 쓴 것이란다.

▲〈몽유도원도〉(복제품 복원)
조선 시대 안평대군이 복숭아밭에서 노니는 꿈을 꾸었어. 그 이야기를 듣고 화가 안견이 그린 그림이야. 〈도화원기〉의 영향을 많이 받았다는구나.

◀도연명
도연명은 동진이 망하자 "겨우 다섯 말의 봉급을 얻으려고, 허리를 굽힐 순 없다!"며 벼슬을 그만두고 은둔했어. 그림은 명나라 때부터 청나라 때까지 활동했던 화가 진홍수가 그린 거야.

동진 시절 무릉 땅에서 고기잡이를 하던 어부가 있었다. 어느 날 물고기를 잡으러 강물을 따라 갔는데, 길을 잃고 헤매다가 복숭아 꽃나무 숲을 만났다. 어부는 숲이 끝나는 곳까지 걸어 들어갔다. 그러자 갑자기 앞에 마을이 나타났다. 논밭과 연못이 모두 아름다웠다. 사람들의 옷 모양새가 모두 다른 세상 사람들 같았는데, 노인이나 아이나 모두 편하고 즐겁게 지내고 있었다. 그들은 통일 제국 진秦나라의 전쟁을 피해 이곳에 왔다가 수백 년 동안 살고 있었다. 마을 사람들로부터 정성스럽게 대접을 받은 어부는 '바깥세상에는 절대 알리지 마라'는 부탁을 받고 그곳을 나왔다. 그러나 어부는 이 당부를 어기고 돌아오는 길에다 표시를 해 두고는 관리에게 알렸다.

그 관리는 어부가 표시해 둔 것을 따라 마을을 찾아갔지만, 끝내 다시는 찾을 수 없었다.

어부가 갔던 마을이 바로 무릉도원이야. 이 때부터 무릉도원은 신선들이 사는, 사람들이 늘 바라는 곳이란 뜻으로 쓰이게 된 거지.

도연명의 〈도화원기〉는 후대 사람들에게 전해졌고 특히 우리나라의 시와 그림에 영향을 끼쳤어. 조선 시대의 화가 안견이 안평대군의 꿈 이야기를 듣고 〈몽유도원도〉라는 이름난 작품을 그렸는데, 이 그림은 도연명이 말한 무릉도원을 상상해서 그린 것이란다.

| 중국 동쪽의 양주를 흐르는 대운하

• 수나라 •

남북을 잇는 운하가 완성되다

07

신석기 시대 기원전 8000년경
신석기 문명이 탄생함

은나라 기원전 1600년경
문자와 청동기를 사용하기 시작함

춘추 전국 시대 기원전 551년
공자가 태어남

진나라 기원전 221년
진시황제가 중국을 통일함

한나라 기원전 139년
장건이 원정을 떠남

위진 남북조 시대 317년
호족이 중국의 북쪽을, 한족이 남쪽을 차지함

수나라 610년
대운하를 완성함

당나라 618~900년경
장안이 세계적인 도시가 됨

송나라 1141년
악비가 감옥에 갇혀 처형됨

원나라 1279년
쿠빌라이 칸이 중국 전체를 지배함

명나라 1405년
정화가 대항해를 시작함

청나라 1782년
《사고전서》를 완성함

청나라 1840년
아편 전쟁이 일어남

청나라 1872년
중국 어린이들이 미국 유학을 떠남

중화민국 1912년
아시아 최초의 공화국이 탄생함

중화 인민 공화국 1949년
중국이 사회주의 국가가 됨

북쪽은 호족이, 남쪽은 한족이 차지하고 서로 대립하며 300년 넘게 지속되던 남북조 시대에 마침표를 찍은 건 수나라였어.

수나라를 세운 사람은 양견이야. 양견은 우선 북쪽의 호족 왕조를 몰아내고 수나라를 세웠어. 이 사람이 바로 '수 문제'란다. 북쪽을 통일한 문제는 창끝을 남쪽으로 향했어. 훗날 수 양제가 되는 아들 양광에게 51만 8000여 명의 군사를 주어 남쪽에 있는 한족 왕조를 공격하게 했지. 그 결과 589년, 마침내 중국 전체를 통일했어.

문제와 양제에 대해서는 많이 들어 봤을 거야. 둘 다 고구려를 침략했다가 실패했지. 고구려의 을지문덕이 수나라 군대를 살수에서 물리친 거 잘 알지? 이 살수 대첩이 바로 양제 때의 일이야. 양제는 그 뒤에도 고구려를 공격했지만 번번이 실패했고, 수나라는 이때 너무 많은 힘을 쏟았다가 쇠약해져서 금세 망하고 말아. 나라를 세운 지 30년도 채 안 되어서 말이야.

전쟁에 힘을 쏟다가 나라를 망하게 했으니, 어리석게 보이기도 해. 하지만 중국사에서는 좀 다른 눈으로 보자. 수나라는 짧게 끝나고 말았지만, 두 황제가 중국사에 남긴 발자취는 매우 크단다.

수나라의 기틀을 다지다

문제는 수나라를 세우자마자 율령을 반포했어. 율령은 쉽게 말해서 법률이야. 처음 통일했을 때만 해도 나라가 많이 혼란스러웠겠지? 그래서 새로운 법이 필요했을 거야. 또 관리들도 싹 바꾸고 가난한 백성들에게 토지를 나누어 주어 민심을 얻었어. 그때까지 중요한 관직은 모두 귀족이 차지하고 있었고, 귀족들은 자기 배를 불리는 데만 바빴거든.

수 문제는 실력 있는 관리들을 뽑기 위해 과거 제도를 처음으로 시행했어.

과거는 지금의 국가고시와 비슷한 거라고 생각하면 돼. 과거는 청나라 말까지 1300여 년 동안 이어졌고, 우리나라와 베트남에서도 관리 선발 시험으로 사용할 정도로 큰 영향을 끼쳤단다. 그럼 우리나라에 과거 제도가 들어온 건 언제일까? 정답은 고려

수 문제

수나라를 세운 문제의 초상화야. 율령과 과거 제도를 만들어 중국은 물론이고 우리나라, 베트남 등에도 큰 영향을 주었단다.

시대.

  수나라의 과거는 처음에는 자주 시행되지 못했어. 여전히 귀족들의 힘이 컸기 때문이야. 과거가 정기적으로 시행되기 시작한 건 수나라와 당나라가 망한 뒤에 등장한 송나라 때란다.

  수나라 때 시행한 여러 제도들은 수나라가 망하고 나서도 사라지지 않았어. 수나라 다음에 등장한 당나라 때는 물론이고 중국의 역사가 이어지는 동안 모양새만 좀 바뀔 뿐 청나라 때까지 계속 유지된단다.

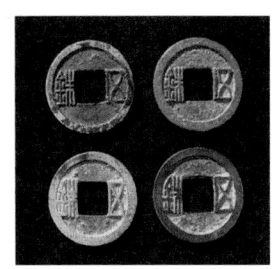

수나라 오수전
수나라는 건국하자마자 화폐를 만들고 단위를 통일시켰어. 300년 동안 혼란을 거치면서 화폐의 크기도 무게도 질도 다 제각각 달라졌기 때문에 반드시 필요한 일이었지.

수 양제는 과연 폭군일까?

이제 양제에 대해 알아보자꾸나. 양제는 고구려를 수없이 많이 침략한 황제라 우리도 싫어하지만, 중국 사람들도 싫어하기는 마찬가지야. 왜 그렇게 되었을까?

  양제의 이름이 양광이라는 건 아까 이야기했지? 양광은 문제의 둘째 아들이었어. 본래 문제 다음의 황제 자리에는 양광의 형이자 태자인 양용이 오르기로 되어 있었어. 그런데 양광은 황제가 되려고 태자를 몰아낼 음모를 꾸몄어.

  양광은 평소 사치와 향락을 즐겼어. 그러다 양광의 집에 아버지가 찾아올 때면 사치스러운 물건을 숨기고 먼지투성이 물건들만 늘어놓아 검소하게 사는 것처럼 꾸몄지. 속임수로 아버지의 신임을 얻자, 양광은 형 양용을 모함해서 태자의 자리에서 몰아내고 자신이 태자가 되었어. 그리고 나서 얼마 뒤인 604년에 양광은 수나라 황제가 되었지.

어떤 사람들은 양광이 태자를 모함한 것으로도 모자라서 하루라도 빨리 황제가 되고 싶어 아버지 문제를 죽였다고 이야기하기도 해. 그게 사실인지 알 수는 없단다.

양제는 황제가 되고 나서 이곳저곳에 큰 공사들을 많이 벌였어. 낙양에 수도를 건설하고 장성을 수리하고 대운하를 만들었는데 건장한 남자들 뿐만 아니라 여자들까지 동원했다고 해. 양제는 대운하를 만들고 나서 남쪽 지방에 휴양지도 만들었고 그곳에 가기 위해 엄청나게 큰 용 모양의 배도 만들었어. 그렇게 나라 살림을 다 써 버렸어.

양제는 큰 공사를 벌이는 것으로도 모자라서 자주 군대를 동원해서 다른 나라를 침략했어. 고구려만 침략한 게 아니야. 북쪽의 돌궐, 남쪽의 베트남도 공격했어.

이 정도만 말해도 양제가 어떤 인물인지 짐작이 가지? 황제가 되기 위해 도리에 어긋나는 일을 저질렀고, 황제가 되고 나서는 사치와 향락을 일삼으며 나라 살림을 탕진하고, 백성들을 못살

용 모양으로 만든 수 양제의 배

그림을 봐. 이게 바로 양제가 탔던 배야. 그림은 간단하게 그려졌지만, 사실 이 배는 규모가 엄청났어. 총 4층으로 되어 있고 배의 길이는 600미터였다니, 도무지 믿기지가 않는구나. 위층에는 나라의 여러 행사를 치르는 방, 황제가 잠을 자거나 일상생활을 하는 방, 황제와 신하가 만나 나랏일을 의논하는 방이 있었고, 그 아래 두 개의 층에는 120칸의 선실이 있었는데 온통 금으로 장식되어 있었어. 맨 아래층에는 내시들의 방이 따로 있었대.

이렇게 큰 배를 노를 저어서 움직이기는 불가능했어. 그래서 운하의 양쪽에서 수십만의 사람들이 늘어서 줄을 당겨 배를 움직였고, 무슨 일이라도 생길까 봐 수만 명의 병사들이 황제의 행렬을 따랐어. 양제의 권력이 얼마나 컸는지 짐작이 가는구나.

수 양제의 배

게 굴고……. 아무리 나열해도 끝이 없을 것 같구나. 중국 사람들이 양제를 싫어할 만도 해.

그래서 어떤 학자들은 양제를 '폭군 중의 폭군'이었다고 말하기도 해. 학자들의 말에 어느 정도 동의할 수도 있지만 그렇다고 무조건 '폭군'이었다고 단정할 수는 없다고 생각해.

양제가 사치스러웠던 건 사실이야. 공사를 빨리 끝내려고 무리하게 많은 사람과 돈을 쓴 것도 사실이고. 하지만 양제가 한 사업 중에 전혀 쓸모없는 것은 하나도 없었어. 수도를 건설하는 건 처음 나라를 세우면 당연히 해야 하는 일이야. 외적의 침입을 막기 위해 장성을 새로 쌓는 것도 당연히 해야 할 일이고.

"그럼 운하도 꼭 만들어야 했나요?" 하며 물어볼 친구들이 있겠구나. 지금부터 운하에 대해서 알아보자.

중국의 남과 북이 하나로 이어지다

중국에서 운하가 처음 만들어진 건 훨씬 오래전이야. 역사 기록에 보면, 춘추 시대 때 처음 만들었다고 해. 그 뒤 시황제도 한 무제도 운하를 만들었어. 운하는 나라가 바뀔 때마다 꾸준히 만들어졌어. 왜 만들었을까?

처음엔 전쟁을 하려고 만들었다고 해. 말을 타거나 걸어서 이동하는 것보다 물길을 이용해 배로 가면 더 빠르게 적에게 다가

갈 수 있었지. 게다가 전쟁을 할 때는 사람과 물자를 끊임없이 보충해 주어야 해. 별다른 교통수단이 없던 옛날에 운하는 그런 역할을 하기에 좋은 교통수단이었지. 그러다가 운하는 점점 나라의 세금을 거두거나 상인들끼리 교역을 할 때도 많이 쓰였어.

운하가 대규모로 건설되기 시작한 건 수나라 때부터야. 중국의 북부와 남부의 먼 길을 운하로 연결한 것도 수나라 때가 처음이지. 그전까지는 가까운 지역과 지역을 연결하는 정도였거든. 그렇다면 왜 수나라 때 대규모로 운하를 만들기 시작했을까?

위진 남북조 시대에 한족은 호족의 침입에 밀려 남쪽으로 내려가 그곳을 개발했어. 한족은 척박한 땅을 일궈서 곡창 지대로 발전시켰어. 그래서 수나라가 중국 전체를 통일할 무렵, 중국의 남쪽은 인구는 적었지만 무척 풍요로웠어.

북쪽은 남쪽과 반대였어. 인구는 많은데 먹을거리는 그 정도로 넉넉하지 못했어. 양제는 남쪽의 풍부한 곡식을 북쪽으로 가져와 남과 북의 균형을 맞추어야 한

오늘날의 양주 대운하
운하는 배가 다닐 수 있게 육지에 파 놓은 물길이야. 양주 대운하는 수나라 때 만들어졌는데 여러 차례 수리를 거쳐서 지금까지도 남아 있어. 교통이 발달한 오늘날에도 중국에서 운하는 여전히 필요한 교통수단이야.

다고 생각했기 때문에 운하를 만들었던 거야. 교통수단이 발달한 오늘날에 관광을 위해 운하를 만드는 것과는 전혀 다르지.

자, 그럼 운하가 어떻게 만들어졌는지 지도를 보면서 살펴볼까? 우선 문제가 광통거와 한구라는 운하를 만들었어. 양제는 운하 공사를 더욱 크게 벌였어. 605년부터 610년까지 통제거, 영제거, 강남하라는 운하를 만들었단다. 이 중에서 광통거를 뺀 네 개의 운하를 합쳐서 '대운하'라고 해. 대운하라는 말은 처음엔 운하의 규모가 커서 그렇게 불렀는데, 시간이 지나면서 고유명사로 굳어졌지.

大運河
큰 대 옮길 운 물, 운하 하

대운하의 중심은 수나라의 수도 낙양이었고, 북쪽으로는 탁군(오늘날의 북경), 남쪽으로는 여항(오늘날의 항주)까지 2500킬로미터나 이어졌어. 그야말로 중국의 남과 북을 잇는 대동맥이 완성된 셈이야.

양제의 생각대로 대운하는 남과 북을 하나로 묶는 데 크게 기여했어. 경제 교류가 활발히 일어난 것은 물론이고, 대운하로 남과 북을 왕래한 수많은 사람들이 서로 다른 문화를 주고받은 결과 중국의 문화가 더욱 풍성하게 발전할 수 있었어.

이렇게 보니, 양제를 무조건 나쁘다고 할 수만은 없겠지? 양제가 폭군의 모습을 보인 것도 있지만, 중국사에 큰 발자취를 남긴 것도 있으니까.

수나라의 문제와 양제는 남북으로 갈라져 있던 중국을 다시 하나로 통일하고 제도와 문물을 개선했어. 수나라는 30년도 채 안 되어 멸망하고 말았지만, 그다음 등장한 당나라가 세계 제국으로 성장하는 데 밑거름이 되었어. 마치 진나라가 한나라의 발전에 큰 영향을 끼친 것처럼 말이야.

수 양제는 고구려 정벌에 왜 실패했을까?

'수 양제의 고구려 원정' 하면 가장 먼저 뭐가 떠올라? 을지문덕의 살수 대첩? 그래. 그때 전쟁에 나갔던 수나라 113만 8000명 군사 중 살아 돌아간 사람이 겨우 2700명 정도였다지? 고구려가 수나라를 이길 수 있었던 건 을지문덕이란 훌륭한 장수가 용감한 고구려 군사들과 함께 목숨을 걸고 싸웠기 때문이야.

하지만 하나의 사건을 볼 때, 어느 한 면만 보고 판단하는 건 옳지 않아. 특히 우리나라와 다른 나라가 벌인 전쟁을 이해할 때는 다른 나라의 상황도 볼 줄 알아야 해.

고구려와 수나라의 전쟁도 마찬가지야. 고구려가 잘 싸웠기 때문에 이긴 건 사실이지만, 수나라가 질 수밖에 없었던 이유가 있었단다.

수나라는 중국을 통일하고 나서 주변 나라들로 관심을 돌렸어. 서쪽과 북쪽의 유목 국가들을 누르고 동쪽의 고구려, 백제, 신라를 노렸어. 백제·신라와는 쉽게 외교 관계를 맺었어. 하지만 고구려는 겉으로는 친한 척했지만, 실제로는 그렇지 않았어.

양제는 고구려에 사신을 보내 자신에게 직접 와서 예를 갖추라고 했지만 고구려 왕은 따르지 않았지. 그러자 양제는 고구려 원정을 준비하기 시작했어. 대운하를 따라 전국의 군사와 군수물자가 탁군(오늘날의 북경)으로 모여들었어.

수나라 대군 113만 8000명과 전차 5만 대가 고구려를 향했어. 군대가 출발하는 데만 40일이 걸렸다는구나. 동

살수 대첩 기록화

시에 수나라 수군도 산동반도에서 고구려를 향했어. 육군과 수군이 만나 고구려의 수도 평양성을 함께 공격하려고 했던 거야.

하지만 육군이 요동성에서 막혀 더 나아가지 못하자 작전을 수정해서 명령했어.

"함락하지 못한 성은 그대로 두고 평양성으로 진군하라."

수나라 군대가 평양성 근처로 몰려들자 을지문덕이 제의했어.

"수나라가 군사를 되돌리면 고구려는 항복할 것입니다."

을지문덕의 말을 듣고 수나라 군대가 물러날 때, 고구려군은 수나라 군대를 공격했고 살수에서 수나라 군대를 물리쳤던 거야.

전쟁에서 크게 진 양제는 또다시 고구려 원정을 시도했어. 하지만 이미 백성들은 양제에게 등을 돌렸어. "요동에 가서 개죽음 당하지 말자"는 노래가 유행했다는구나. 심지어 관리들도 고구려 원정에 반대해 반란을 일으켰고, 무려 200여 곳에서 농민 반란이 일어났어.

민심을 잃으면 전쟁에서 이길 수 없는 법이야. 수나라는 더 이상 버티지 못하고 멸망하고 말아.

'수 양제의 고구려 원정'을 중국사 속에서 보니까 어때? "고구려 군사가 용맹해서 이겼다", "을지문덕 장군이 뛰어나서 이겼다"라고만 생각하는 것보다 조금 더 넓은 눈으로 역사를 이해할 수 있겠지?

| 당나라에 온 여러 나라 사신들

• 당나라 •

세계인들이 모여든 장안

08

신석기 시대 기원전 8000년경
신석기 문명이 탄생함

은나라 기원전 1600년경
문자와 청동기를 사용하기 시작함

춘추 전국 시대 기원전 551년
공자가 태어남

진나라 기원전 221년
진시황이 중국을 통일함

한나라 기원전 139년
장건이 원정을 떠남

위진 남북조 시대 317년
호족이 중국의 북쪽을, 한족이 남쪽을 차지함

수나라 610년
대운하를 완성함

당나라 618~900년경
장안이 세계적인 도시가 됨

송나라 1141년
악비가 감옥에 갇혀 처형됨

원나라 1279년
쿠빌라이 칸이 중국 전체를 지배함

명나라 1405년
정화가 대항해를 시작함

청나라 1782년
《사고전서》를 완성함

청나라 1840년
아편 전쟁이 일어남

청나라 1872년
중국 어린이들이 미국 유학을 떠남

중화민국 1912년
아시아 최초의 공화국이 탄생함

중화 인민 공화국 1949년
중국이 사회주의 국가가 됨

왼쪽 그림부터 감상해 보자. 당나라 때 만든 무덤에서 발견된 그림이야. 종이에 그린 게 아니라 벽에 그린 '벽화'야.

모두 여섯 사람이 보여. 왼쪽에 세 사람이 모여 무언가 이야기를 나누고 있지? 이 사람들은 '홍려시'의 관리들이야. 홍려시는 외국 사절 접대를 담당하던 당나라 관청이지. 이번엔 오른쪽에 서 있는 세 사람을 볼까? 홍려시 관원들은 모두 똑같은 옷을 입고 있는데, 오른쪽 세 사람은 입고 있는 옷이 다 다르구나. 이들은 누굴까?

입은 옷이 다른 세 사람은 외국에서 온 사절들이야. 그러니까 이 벽화는 당나라의 홍려시 관리들이 외국 사절을 맞이하는 모습을 그린 거야. 이 세 사람은 어느 나라 사람일까? 옛날 옷을 연구하는 학자들이 밝혀냈는데, 맨 오른쪽에 있는 사람은 중국 동북 지역에서 온 사람이고, 그 앞에 있는 사람은 고구려 사람, 그리고 그 왼쪽에 밤색 옷을 입은 사람은 동로마에서 온 사람이래.

당나라로 몰려드는 사람들

이번엔 지도를 볼까? 당나라의 영토와 수도 장안이 보여. 나라 이름 옆에 적어 둔 숫자는 무얼까? 그 나라 사절단이 당나라에 온 횟수를 적어 놓은 거야. 학자들이 옛날 중국 역사책의 기록들을 모두 조사해서 밝혀 놓은 수치야.

지도 오른쪽에 보면 고구려, 백제, 신라 그리고 일본(왜)에서

사절단을 파견한 횟수를 나타내는 숫자도 보이고, 아래쪽에는 베트남도 있네? 베트남 옆에 인도와 스리랑카도 있고. 이 나라들은 중국과 오랫동안 교류를 해 온 나라들이지. 이 밖에도 소그드, 페르시아, 이슬람, 심지어는 동로마처럼 먼 나라에서도 당나라에 사절을 파견했다는 걸 알 수 있어.

이 사절단에는 외교관들만 있었을까? 그렇지 않아. 일반 백성들도 많이 있었어.

당나라의 학문과 문물을 배우려고 온 학생이나 승려도 있고, 당나라 사람들과 다른 노래 실력이나 공예 기술을 발휘해 돈을 벌려는 사람도 있지. 또 자기네 나라에서 쫓겨 온 망명객, 새로운 종교를 전해 주려는 선교사, 장사해서 돈을 벌려는 상인들도 있어. 그들은 저마다 다른 생각을 품고 당나라에 왔어.

낙타를 탄 외국 상인
실크로드를 따라 다니던 외국 상인의 모습이야. 낙타를 타고 사막을 여행하고 있는 것 같지 않니?

장건이 처음 발견한 실크로드를 따라 온 사람도 있고, 파도가 험난한 바닷길로 온 사람도 있어. 그들 가운데에는 당나라에 왔다가 볼일만 보고 돌아간 사람도 있었지만, 당나라에 계속 머물면서 자신의 특기를 살려 일을 한 사람들도 많았어. 그 사람들은 당나라 사람들과 함께 어울려 살면서 당나라 문화를 발전시켰단다.

그래서 학자들은 당나라를 '세계 제국'이라고 해. 영토도 넓었지만 세계 각지에서 온 사람들이 함께 당나라 문화를 꽃피웠기 때문에 세계 제국이라고 하는 거야.

당나라가 이렇게 세계 제국이 될 수 있었던 것은 수나라가 중국을 통일하기 전에 300년이라는 긴 시간 동안 호족과 한족이 어울려서 살았기 때문일 거야. 그러다 보니 서로 다른 문화를 이해하게 되고 서로에게 장점이 많다는 걸 깨닫게 되었을 거야. 그런 경험이 있었기 때문에 당나라는 피부색도 다르고 태어난 곳도 다른 많은 사람들을 받아들일 수 있었던 것이 아닐까?

세계 제국의 수도, 장안

세계 각지에서 온 사람들은 당나라의 수도 장안에서 살았어. 장안은 말 그대로 국제 도시였어. 국제 도시 장안 속으로 함께 들어가 볼까?

티베트로 시집간 당나라 공주

당나라가 세워질 무렵, 지금의 티베트 지방에 토번이라는 나라가 있었어. 토번에 '손챈감포'라는 왕이 등장하여 티베트의 여러 부족들을 통일했어. 당 태종은 강력해진 토번과 싸우기보다는 사이좋게 지내는 걸 택했어. 그래서 문성 공주를 손챈감포에게 시집보냈어.

멀고 낯선 티베트 땅으로 홀로 떠나야 했던 문성 공주는 얼마나 두려웠을까? 하지만 문성 공주는 토번에서 40년 가까이 살면서 당나라와 토번의 평화에 힘썼어.

문성 공주는 당나라의 문화를 토번 사람들에게 전해 주었어. 농기구 만드는 법, 옷감 짜는 법, 건물 짓는 법, 종이 만드는 법, 술 빚는 법, 도자기 만드는 법 등등. 티베트는 원래 농사짓기에 알맞지 않은 곳이었어. 땅도 기름지지 않고 물도 부족했지. 하지만 문성 공주가 전해 준 농사 기술로 농작물을 많이 생산할 수 있게 되었다는구나.

티베트의 사신을 만나는 태종
손챈감포는 당나라의 문성 공주를 아내로 맞이하려고 사신을 보냈어. 이 그림은 손챈감포의 사신이 당 태종과 만나는 장면이야.

坊
동네, 거리 방

자, 왼쪽 아래 그림을 먼저 보자꾸나. 이건 장안의 모습을 간략하게 그려 놓은 거야. 수많은 사각형이 촘촘하게 그려져 있는 것이 꼭 바둑판 같지? 이 사각형 하나하나를 '방'이라고 하는데, 우리가 흔히 아는 '동네'와 같은 거라고 생각하면 돼.

장안 사람들은 방에 살았어. 신분에 따라 방이 달랐고, 직업에 따라서도 달랐어. 각자의 신분과 직업에 따라 같은 부류끼리 모여서 살았던 거야. 장안에는 이런 방이 100개가 넘게 있었어. 방을 구분하는 담은 높아서 무협 영화에 나오는 검객 같은 사람이 아니면 뛰어넘기 힘들 정도였다고 해.

방과 방 사이에는 도로가 있었는데 남쪽에서 북쪽 방향으로 11개, 동쪽에서 서쪽 방향으로는 14개의 도로가 있었지.

그림에서 '동시'와 '서시' 보이지? 동시는 동쪽에 있는 시장, 서시는 서쪽에 있는 시장이라고 생각하렴. 여기에서 생겨난 말이 있어. 중국에서는 사람들이 쓰는 물건을 중국 발음으로 '뚱시(東西)'라고 해. 동시와 서시에서 물건을 사고팔았으니까, 동시의 '동'과 서시의 '서'를 합쳐서 생겨난 거지.

교역은 동시와 서시, 이 두 곳에서만 할 수 있었어. 시간도 엄격히 지켰다는구나. 낮 12시에 북이 300번 울리면 시장이 열렸

당나라 수도 장안을 설계도처럼 그린 거야. 바깥의 큰 사각형은 수도 장안의 영역을 나타내고 가운데의 황성은 황제가 지내면서 나랏일을 보는 곳이었어.

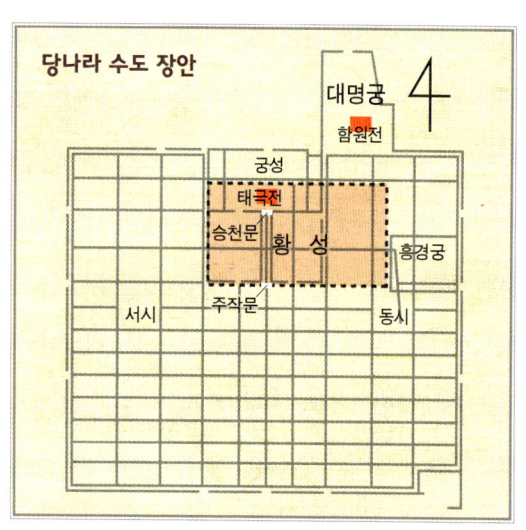

서시 풍경
당나라 장안의 서시를 그린 거야. 물건을 사고파는 사람, 술을 마시고 싸우는 사람, 공연을 구경하는 사람 등등 정말 왁자지껄한 시장 모습이구나. 외국에서 온 사람들도 많이 보이지?

고, 해가 질 때 징이 300번 울리면 문을 닫았다고 해. 동시와 서시에는 같은 물건을 파는 상점들끼리 늘어서 있었어. 고기 파는 가게, 철물 파는 가게 또 옷, 금과 은, 약을 파는 가게도 있었어.

특히 서시는 외국 사람이 많이 찾는 곳이었어. 서시 주변의 방들에는 외국 사람이 꽉 들어차 있었어. 외국 사람이 장안 전체 인구의 3분의 1을 차지할 정도로 많았던 적도 있었다고 해.

외국 상인들 중에서는 소그드에서 온 상인이 유명해. 소그드

여러 유물에서 나타나는 당나라 문화 교류의 흔적

▲**중앙아시아 불교 장신구**
불교 신자들이 늘 몸에 지니고 다녔던 장신구야. 상아로 만들어졌는데 펼쳐 보면 그 속에 수많은 작은 불교 조각상이 들어 있단다.

▶**오현 비파**
이건 비파라고 하는 악기야. 줄이 다섯 개라서 오현 비파라고 해. 일본 천황의 보물창고에 보관되어 있던 건데, 당나라에서 만든 거라고 해. 이 비파에는 세계의 다양한 문화가 담겨 있어. 페르시아 악사가 쌍봉낙타를 타고 악기를 연주하고 있고, 그 위에 메소포타미아 지방에서 자라는 대추야자가 그려져 있어.

◀**페르시아 동전**
페르시아에서 만들어진 은화야. 당나라와 교류하던 상인들을 통해 당나라에 전해졌지.

상인들은 실크로드를 따라 동쪽으로 오다가 당나라에 들어가기 전 쿠차에 잠깐 머물러. 쿠차는 승려 구마라습이 살았던 곳이라는 거 기억하지? 소그드 상인은 쿠차에서 통행증을 받고 나서 국경을 넘었고, 그러고 나면 당나라 어느 곳에서든 얼마든지 장사를 할 수 있었대. 소그드 상인들은 장사하는 재주가 무척 뛰어난 사람들이었어. 소그드 지방에 이런 말이 전해 내려왔다고 해.

"아기가 태어나면 아기의 입 안에 꿀을 머금게 하고, 손에는 풀을 쥐어 준다."

무슨 뜻일까? 아기가 자라서 꿀처럼 좋은 말을 해서 돈을 벌고, 한 번 들어온 돈은 풀처럼 딱 붙어서 절대 나가지 않기를 바라는 마음을 담은 말이래.

장안에는 국자감이라는 학교가 있었어. 국자감은 오늘날 나라에서 세운 국립 대학이야. 국자감에도 전 세계에서 온 유학생들로 넘쳐났어. 특히 일본에서 온 유학생이 많았어. 공부를 마치고 일본에 돌아가서 일본의 문화 발전에 크게 공헌했다는구나.

당나라에서 공부하고 당나라의 과거에 합격한 사람들도 있어. 신라에서 온 유학생 중에도 그런 사람이 있는데, 생각나니? 맞아, 최치원.

세계에서 온 사람들은 종교도 저마다 달랐어. 유교와 불교는 물론이고, 우리에게는 낯선 마니교, 경교, 조로아스터교를 믿는 사람들도 있었어. 당나라는 이 사람들이 저마다 자유롭게 신앙

소그드 상인
소그드는 실크로드가 지나가는 길목에 있던 나라였어. 소그드 상인들은 동쪽으로는 중국, 서쪽으로는 페르시아와 아라비아를 넘나들면서 무역을 해서 돈을 많이 벌었어.

경교비
당나라 때는 다른 나라 종교가 많이 들어왔어. 사진은 기독교의 한 갈래인 경교가 널리 유행했음을 알 수 있는 비석이야.

都護府
도읍 도 도울 호 마을 부

생활을 할 수 있게 해 주었어. 또 외국 선교사들이 당나라 사람들에게 포교하는 것도 허락했대.

당나라를 세운 당 고조 이연은 도교 사원을 세웠어. 이연의 아들 당 태종 이세민은 현장이라는 승려가 인도로 갔다가 16년 만에 귀국할 때 직접 마중을 나갈 정도로 불교를 좋아했대. 그러면서도 기독교의 한 갈래인 경교를 포교하는 것도 허락했다는구나.

다른 나라의 왕들은 수도를 건설할 때 장안의 모습을 본뜨기도 했어. 발해의 수도 상경성, 신라의 수도 경주도 장안처럼 바둑판 모양으로 되어 있었어. 일본의 옛 수도 헤이조쿄라는 곳도 그랬고. 당나라를 다녀간 우리나라와 일본 사람들이 장안을 잘 봐 두었다가 자기네 나라 수도를 만들 때 참고했을 거야.

기울어져가는 제국

당나라는 세계적인 군사 강국이었어. 당 태종은 돌궐을 비롯해서 북방 유목 민족들을 모조리 손에 넣었고, 당 고종 때에는 신라와 당나라가 손잡고 백제와 고구려를 차례로 멸망시켰어. 당나라 황제들은 새로 넓힌 영토에 도호부를 설치했어. '도호부'는 새로 정복한 영토를 다스리기 위해 설치한 지방 통치 기구야. 아마 한국사 책에서도 봤을 거야. 당나라가 668년 옛 고구려의 수도 평양에 만들었다가 10년도 채 안 되어 북쪽으로 옮긴 것이 바

서쪽으로 피난 가는 당 현종
안녹산의 난이 일어나자 당 현종은 서쪽 지방으로 피난을 떠났어. 험한 산줄기를 따라 줄지어 피난을 가고 있구나.

로 '안동도호부'였지? 이런 도호부가 당나라의 국경 곳곳에 여섯 개나 있었어.

하지만 전성기를 누리던 당나라도 세운 지 100년이 지날 무렵부터 점점 약해지기 시작했어. 각 지방에서 '번진'이라는 세력이 독립해서 황제와 대립했거든. 번진이란 뭘까?

당나라 황제는 중앙의 군대만으로는 넓은 땅을 지키기 어려우니까 여러 곳에 군인을 보내서 지방의 반란이나 다른 나라의 침

藩鎭
울타리 번 진압할 진

략을 막게 했어. 그러다 황제의 힘이 점점 약해지자 파견된 군인들은 황제의 말을 점점 듣지 않게 되었어. 국방의 의무를 다하라고 보낸 거였는데, 자기네들끼리 나라도 만들고 세금도 걷고 마치 독립국처럼 행세했던 거야. 이런 세력을 번진이라고 해.

그런 번진 중에 가장 널리 알려진 사람이 안녹산이야. 안녹산은 755년에 반란을 일으켰지.

당나라는 9년 만에 가까스로 반란을 진압하긴 했지만 이때부터 쇠락의 길을 걷기 시작했어. 번진들은 더욱 세력을 키웠고, 조정에서는 환관들이 나랏일을 쥐락펴락했어. 그러다 보니 지방의 세금은 모두 번진의 손에 들어갔고 당나라 조정의 살림은 어려워질 수밖에 없었지. 그래서 백성들에게 더 많은 세금을 거두었어. 너무 많은 세금 때문에 백성들의 원성이 높아질 무렵, 소금을 몰래 사고팔던 황소가 반란을 일으켰어. 그러자 많은 백성들이 황소를 따랐지. 황소가 일으킨 난이 당나라가 멸망하게 되는 결정적인 계기가 되었단다.

백성이 임금보다 더 소중하다

다섯 개의 나라와 열한 명의 황제를 섬긴 관리가 있어. 바로 '풍도'라는 사람이야. 풍도가 살았던 시대는 혼란의 시대였어. 당나라가 망한 뒤에 중국의 북쪽에는 다섯 나라가 차례로 등장했고, 남쪽에서는 열 개의 나라가 거의 함께 있었어. 그래서 이때를 '5대 10국 시대'라고 해.

풍도는 중국 북쪽에서 활동했어. 5대 가운데 네 나라를 섬겼고, 북방 유목 민족인 거란의 황제도 잠깐 섬겼어. 그래서 모두 다섯 나라를 섬겼다고 말하는 거야.

풍도는 지위가 낮은 관리가 결코 아니었어. 그런데 나라가 바뀌어도 줄곧 재상의 자리에 있었어.

후대 사람들 가운데에는 풍도를 욕하는 사람들이 많았어. 자기가 섬기던 나라가 망하면 스스로 목숨을 끊거나 산속 깊은 곳에 숨어 지내는 게 보통인데, 그러기는커녕 배신자처럼 다른 나라 황제를 섬겼다는 거지.

풍도를 욕하는 사람이 많아진 건 송나라 때부터야. 송나라 때 유교가 정착해서 나라와 임금에 대한 충성을 매우 중요하게 생각하게 되면서 풍도를 비난하는 목소리가 더욱 커진 거야.

하지만 다르게 생각해 볼 수도 있어. 풍도는 나라를 다섯 번 바꾸고, 황제를 열한 명이나 섬겼지만, 풍도가 중요하게 생각한 건 나라도 황제도 아니라 바로 백성이었어. 백성들을 편안하게 할 수만 있다면 배신자 소릴 듣더라도 상관없다고 생각했지.

거란이 5대 10국 가운데 하나인 후당을 침략해 왔을 때의 일이야. 풍도는 거란 황제에게 이렇게 말했어.

"석가모니가 이 세상에 다시 나타난다고 해도 구제할 수 없습니다. 백성을 구할 수 있는 것은 오직 폐하뿐입니다."

좀 아첨이 심하다는 생각이 들지? 하지만 거란 황제는 풍도의 간절한 말을 듣고는 후당 사람들을 몰살시키지 않았다고 해. 아첨의 대가로 백성들을 구해 냈던 거야.

풍도가 살던 시대는 50년이란 짧은 기간 동안 많은 나라가 흥하고 망하던 시절이었어. 전쟁도 많이 일어났고, 사회가 무척 혼란스러웠지. 후대 사람들은 풍도를 곱지 않은 시선으로 볼 수 있지만 그때 상황에서는 풍도가 백성들에게 든든한 방패 같은 사람이었을 거라는 생각이 드는구나.

| 중국 항주에 있는 송나라 장군 악왕의 묘

• 송나라 •

영웅의 시대, 간신의 시대

09

신석기 시대 기원전 8000년경
신석기 문명이 탄생함

은나라 기원전 1600년경
문자와 청동기를 사용하기 시작함

춘추 전국 시대 기원전 551년
공자가 태어남

진나라 기원전 221년
진시황제가 중국을 통일함

한나라 기원전 139년
장건이 원정을 떠남

위진 남북조 시대 317년
호족이 중국의 북쪽을, 한족이 남쪽을 차지함

수나라 610년
대운하를 완성함

당나라 618~900년경
장안이 세계적인 도시가 됨

송나라 1141년
악비가 감옥에 갇혀 처형됨

원나라 1279년
쿠빌라이 칸이 중국 전체를 지배함

명나라 1405년
정화가 대항해를 시작함

청나라 1782년
《사고전서》를 완성함

청나라 1840년
아편 전쟁이 일어남

청나라 1872년
중국 어린이들이 미국 유학을 떠남

중화민국 1912년
아시아 최초의 공화국이 탄생함

중화 인민 공화국 1949년
중국이 사회주의 국가가 됨

중국 항주에 가면 '악왕묘'란 곳이 있어. 악왕묘는 '악왕의 사당'이란 뜻이야. '악왕'은 누구일까? 바로 '악비'라는 장군을 가리켜. 중국 사람들은 훌륭한 장군들에게 왕이라는 이름을 붙여 칭송했어. 《삼국지연의》에 나오는 영웅 관우도 중국 사람들은 '관왕'이라고 부른단다.

악비는 송나라 때 활약했던 장군이야. 북쪽의 금나라가 침입해 왔을 때 끝까지 맞서 싸운 사람이지. 우리나라의 이순신처럼 중국 사람들이 가장 떠받드는 영웅 가운데 한 사람이야.

그런데 크고 화려한 악비의 사당 한구석에는 이상한 동상이 하나 덩그러니 놓여 있어. 다음 쪽 사진을 봐. 어떤 사람이 무릎을 꿇고 두 손은 뒤로 묶인 채 고개를 숙이고 앉아 있는 모습

악왕묘에 있는 진회 동상

이야. 게다가 동상 곳곳이 관광객들이 붙여 놓은 껌이며 뱉어 놓은 침 자국들로 지저분해.

이 동상의 주인공은 진회야. 진회는 어떤 사람이기에 오늘날까지 이렇게 험한 대접을 받고 있는 걸까? 진회에 대해 이야기하려면 먼저 그때의 송나라 사정을 알아야 해.

군인보다 문신을 우대한 나라

앞에서 풍도가 활약한 5대 10국에 대해 잠깐 살펴보았지? 5대의 마지막 나라는 후주야. 후주의 총사령관 조광윤은 후주를 멸망시키고 960년 송나라를 세웠어. 조광윤이 바로 송나라 태조야.

송 태조는 새로 만든 나라를 어떻게 하면 잘 다스릴 수 있을까 하고 고민했어. 무엇보다 가장 큰 걸림돌은 자기를 황제로 만들어 주고 중국을 통일하는 데 큰 도움을 준 장군들이었어. 송 태조는 그들이 언제 배신할지 몰라 불안했던 거야. 자기도 모시던 황제를 배신한 적이 있었거든.

어느 날 송 태조는 장군들을 위해 술자리를 마련했어. 술자리가 한창 무르익을 때쯤 장군들에게 이렇게 말했어.

송 태조
송나라를 건국한 태조 조광윤의 초상화야. 자기를 도운 장군들을 몰아내고 문신들을 등용해서 나라의 기틀을 다졌어.

"인생은 덧없는 거야. 그러니 돈 쌓아 두고 즐기며 사는 게 가장 좋지. 힘든 군대 생활 그만두고 고향에 내려가 즐기며 행복하게 사는 게 어때?"

장군들은 송 태조가 자신들을 몰아내려 한다는 걸 눈치챘어. 그래서 장군들은 사직서를 내고 지방으로 물러났어. 앓던 이를 뽑은 셈이 된 거지. 송 태조는 장군들이 물러난 자리를 지위가 낮은 무신들로 채웠어. 그리고 자신을 지켜 주는 군대인 '금군'을 만들었어.

하지만 이것으로 송 태조의 걱정이 모두 사라진 건 아니야. 지방에는 강력한 힘을 지닌 번진들이 여전히 완강히 버티고 있었어. 송 태조와 그의 아들 태종은 지방에서 거두는 세금을 직접 중앙으로 올려 보내게 했어. 이처럼 번진들이 그동안 갖고 있었

송나라 문신
송나라 문신의 석상이야. 송나라는 문신을 중심으로 나라를 다스렸어. 그때의 문신 모습을 잘 보여주고 있어.

던 조세권을 비롯하여 행정, 군사 통치권의 권한을 빼앗았지.

그리고 문신들을 더 많이 등용했어. 문신은 과거를 통해 관리가 된 사람들이야. 과거 제도는 수나라 때 처음 만들어진 것이지만, 송나라 때 본격적으로 시행되기 시작했어. 송 태조 때만 해도 해마다 합격자 수가 평균 9명밖에 되지 않았지만, 태종이 죽기 전에 마지막으로 치른 시험에서는 합격자가 1100명이 넘을 정도였다는구나. 30년 사이에 100배가 늘어난 거야.

군대의 총책임자도 무신이 아닌 문신이 맡았어. 황제와 수도 변경(오늘날의 개봉)을 지키는 금군의 세력은 계속 커져갔지만 그럴수록 변방의 군사력은 점점 약해졌어. 그러자 이를 틈타 북방 민족들이 송나라를 노리기 시작했어.

돈으로 평화를 얻다

한국사에서 고려 시대를 공부하다 보면, 거란과 여진의 침입에 관한 이야기가 꼭 나와. 서희의 담판과 강감찬의 귀주대첩은 거란과 벌였던 전쟁에서 등장한 이야기이고, 윤관의 동북 9성은 고려의 여진 정벌과 관계있지. 그래서 거란과 여진은 우리에게 늘 전쟁에서 진 민족이거나 문화가 뒤떨어진 야만인 정도로 여겨지는 경우가 많아.

지도를 보렴. 거란이 세운 요나라와 여진이 세운 금나라는 우

요나라의 탑
요나라 때 만든 7층짜리 하얀 탑이야. 벽돌로 만든 거라 '전탑塼塔'이라고 해. 탑 안에서 중요한 불교 유물이 많이 발견되었다는구나.

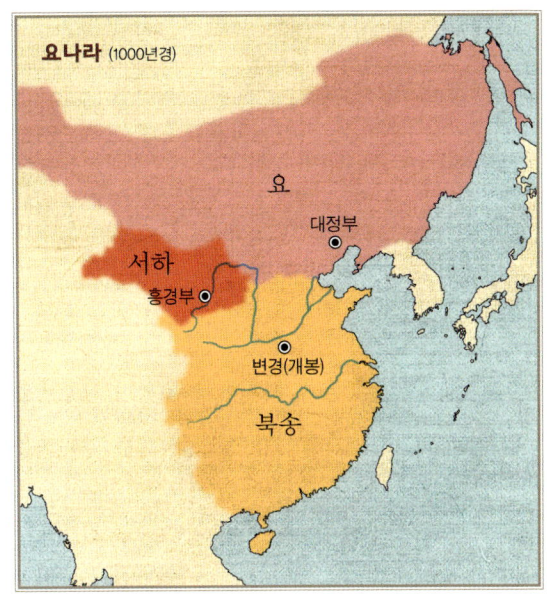

리가 상상하는 것 이상으로 엄청난 영토를 자랑하는 나라였어. 영토나 군사력뿐만 아니라 문화도 송나라 못지않게 발달했지.

거란은 야율아보기라는 지도자가 세운 나라야. 발해를 멸망시키고 남쪽으로 계속 내려온 거란은 지금의 북경 근처를 차지하고 나라 이름을 '요'로 바꾸었어. 송나라는 요나라를 공격했지만 실패하고 오히려 공격을 받아 결국 1004년에 화친을 맺었어. 고려가 요나라에 2차 침입을 당하기 6년 전 일이지.

송나라는 요나라와 화친을 맺어 평화를 얻는 대신 해마다 요나라에 비단 20만 필과 은 10만 냥을 바치기로 했어. 송나라가 요나라에게 바친 조공은 당시 송나라의 살림을 크게 흔들 정도로 많은 거였다는구나. 그리고 나서 30여 년 뒤에는 서하를 공격하는 데 실패해서 역시 돈으로 평화를 얻어야 했단다. 송나라의 시련은 여기서 끝나지 않았어.

송나라와 요나라가 화친을 맺고 나서 100년의 시간이 흐르는 동안 요나라의 북쪽에서는 또 하나의 민족인 여진족이 새롭게 성장하고 있었어. 여진족은 1115년에 금나라를 건국했어.

그러자 송나라는 눈엣가시 같았던 요나라를 공격할 좋은 기회라고 생각하고 금나라의 도움을 받아 요나라를 멸망시켰어. 그런데 송나라가 금나라에 도움의 대가를 갚지 않자 두 나라의 신뢰는 무너졌어. 결국 송나라와 금나라는 전쟁을 하게 되었지.

송나라는 금나라의 공격에 수도 변경을 버리고 남쪽으로 내려와 임안(오늘날의 항주)을 중심으로 새로이 나라를 세웠어. 송나라가 남쪽으로 내려온 이후부터를 '남송'이라고 해. 그리고 그 이전의 송나라를 '북송'이라고 하고. 이때부터 중국은 북쪽의 금나라와 남쪽의 남송이 함께 존재하는 시대가 된단다.

악비가 될 것인가, 진회가 될 것인가

송나라가 금나라에 밀려 남쪽으로 쫓겨 내려가 남송으로 거듭나는 동안, 수천 명의 송나라 사람들이 금나라에 포로로 끌려갔어. 그중에는 앞에서 이야기한 진회도 있었지. 진회는 북송이 멸망하기 전까지만 해도 금나라와 타협하는 걸 반대하고 전쟁을 주

금나라 비석
금나라 세종 때 세운 비석이야. 비석에는 금 태조 아구다가 요나라를 물리치고 금나라를 세우는 과정을 설명해 놓았단다.

장하는 주전파였어. 그래서 금나라의 포로가 되었던 거야.

금나라로 끌려간 진회는 금나라 왕실의 친척이자 관리였던 달

생동감 넘치는 북송의 수도, 변경

〈청명상하도〉
원래 가로 길이가 5미터가 넘는 엄청나게 긴 그림이야. 북송의 수도 변경의 강과 다리 주변에서 사람들이 북적이는 모습을 그린 거야. 북송 시대 화가 장택단이 그렸어.

커다란 배가 사람과 물건을 가득 싣고 다리 밑을 지나가고 있고, 다리 위에는 수많은 사람들이 바쁘게 길을 가고 있구나. 북송 시대의 화가 장택단이 그린 〈청명상하도〉라는 그림의 일부야.

어때? 우리나라의 김홍도, 신윤복 같은 화가들이 조선 시대 사람들의 생활 모습을 그린 풍속화와 비슷하지? 좀 다른 점이 있다면 〈청명상하도〉는 변경이라는 도시 전체를 그렸어.

그때 송나라의 수도 변경에는 80만 명이 넘게 살고 있었대. 그러니 사는 모습도 참 다양했겠지? 물건을 만드는 장인들, 가게를 열고 장사하는 사람, 말, 당나귀, 낙타에 물건을 싣고 나르는 상인들 등등. 게다가 그때 실제로 있었던 구름다리, 배, 마차, 가마, 성문, 도로도 잘 그려져 있어.

이 그림을 보면, 북송 때 도시가 얼마나 발달했고 상업과 수공업이 얼마나 발달했는지 짐작할 수 있단다.

뢰의 눈에 들어 그의 신하가 되었다가 탈출했어. 남송으로 돌아온 진회는 남송 황제 고종을 만나 이렇게 말했지.

"금나라와 화친을 맺어야 합니다."

주전파였던 진회는 어느새 화친을 주장하는 주화파로 변해 있었어. 왜 변했을까? 금나라에 머물면서 금나라의 사정과 군사력을 몸으로 느끼고는, 남송이 금나라에 직접 맞섰다가는 멸망할 수밖에 없다고 판단했던 거지.

고종은 진회의 주장을 받아들였어. 남송은 남쪽으로 내려와 이제 겨우 자리를 잡았기 때문에 당장 금나라에 맞설 수 없었으니까. 그렇게 진회는 고종의 신임을 얻어 재상이 되었어.

하지만 그 뒤에 남송과 금나라가 계속 평화롭게 지냈던 건 아니야. 평화롭게 지내다가도 금나라가 제시한 요구를 남송이 거

主戰派
주장할 주 싸움 전
갈래 파

主和派
주장할 주 화할 화
갈래 파

금나라에 맞선 남송 명장들
금나라의 침입에 맞서 싸운 남송의 장군 네 사람을 그린 거야. 왼쪽에서 두 번째 사람이 가장 유명한 악비이고, 크게 그려진 인물 차례로 장준, 한세충, 유광세 장군이야. 사이사이에 작게 그려진 인물은 장군들이 제각기 거느린 시종이야.

부하면 다시 전쟁이 일어났어. 그때 남송에는 장준, 한세충, 유광세, 악비라는 빼어난 장군이 있었어. 이 네 명의 장군은 금나라와 싸울 것을 주장했어. 그러니 주화파였던 진회에게는 늘 걸림돌일 수밖에 없었지.

진회는 이 네 사람에게 높은 관직을 주어 자기편으로 만들기로 했어. 그런데 세 사람은 진회의 제안을 따랐지만 유일하게 악비만은 끝까지 금나라와 싸워야 한다며 버텼어. 결국 진회는 악비를 처형하고 말아.

주전파가 몰락하고 주화파가 다시 권력을 잡자, 남송은 금나라와 타협했어. 처음 화친을 맺을 때보다 영토를 더 많이 잃었지만 어쩔 수 없는 노릇이었어.

악비의 죽음으로 진회는 죽기 전뿐만 아니라 죽은 후에도 매

악비 조각상
남송 때 만들어진 항주 악왕묘에 있는 악비상이야.

국노라는 비난을 받아야 했어. 특히 다른 민족의 침략을 받아 나라가 위태로울 때마다 악비를 영웅으로, 진회를 간신으로 삼은 소설이나 연극이 많이 유행했다는구나. 그래야 백성들의 애국심을 높일 수 있으니까 말이야. 진회에 대한 비난은 심지어 오늘날까지도 이어지고 있어.

하지만 진회를 무조건 나쁘다고 할 수는 없을 것 같구나. 그때 남송은 나라를 세운 지 얼마 되지 않아 토대가 매우 허약했고 금나라와 직접 싸우면 쉽게 무너질 수밖에 없는 상황이었어. 이때 진회가 앞장서서 화친을 맺은 덕분에 남송은 몽골에 멸망할 때까지 100년이 훨씬 넘게 금나라와 평화를 유지할 수 있었고, 그 때문에 경제와 문화를 발전시킬 수 있었으니까.

너희들 생각은 어떠니? 우리나라가 만약 남송과 비슷한 상황이라면, 그리고 너희가 나라의 중요한 직책을 맡은 관리라면, 어떤 판단을 할 것 같아? 악비처럼? 아니면 진회처럼?

발이 작은 여성이 아름답다?

옛날 중국에는 '전족'이라는 관습이 있었어.

전족은 여자들 발을 어린 시절부터 천으로 묶는 거야. 엄지를 뺀 네 발가락을 발바닥과 닿을 정도로 바짝 구부린 채 어른이 될 때까지 묶어 두는 거지. 당연히 발은 정상적으로 자랄 수 없었어. 여자들은 뼈가 구부러지고 살에 피가 나는 고통을 참아야 했지. 전족이 '잘 된' 발의 길이는 7.5센티미터밖에 안 되었대. 이런 발로 어떻게 걸을 수 있었을까? 정말 끔찍하구나.

왜 이런 관습이 생긴 걸까? 옛날 중국 남성들은 여성들이 작은 발로 절룩거리며 뒤뚱뒤뚱 걷는 모습을 보면서 매력이 있다고 느꼈대. 그래서 여성들은 아름답게 보이려고 오랜 고통을 참아가며 전족을 했다는구나.

전족이 생긴 건 송나라 바로 전인 5대 10국 시대부터였다고 해. 원나라 때의 기록이 담긴 《남촌철경록》에 이런 이야기가 있어.

"요량이라는 여인은 가냘프고 아름다운 몸에 춤도 잘 추었다. 그녀에게 비단으로 발을 동여매도록 해서 발을 더 작게 만들었는데, 발등이 구부러진 모습이 마치 초승달 같았다. 발끝으로 빙그르르 돌며 춤출 때마다 빼어난 자태가 나타났다."

전족은 처음에는 궁궐 안에서만 유행하다가 송나라 때는 귀족 여성들 사이에도 퍼졌어.

일을 많이 하는 남쪽 지방에서는 전족을 별로 하지 않았지만, 그렇지 않은 북쪽 지방에선 심지어 거지들도 전족을 할 정도였대. 전족을 해야 아름답다는 귀족들의 생각이 평민들에게도 퍼졌던 거지.

청나라 황제 강희제는 전족을 금지했어. 청나라를 세운 만주족에겐 전족의 풍습이 없었기 때문이야. 하지만 법이 느슨해지자, 여성들은 다시 옛날처럼 전족을 했어. 태평천국을 건설한 홍수전도 전족을 폐지했지만 오랜 관습을 쉽게 바꿀 수 없었어.

전족은 1912년 중화민국이 세워진 뒤 차츰 사라졌단다.

전족을 한 중국 여성들

| 몽골 제국을 세운 칭기즈 칸

• 원나라 •

칭기즈 칸과 쿠빌라이 칸의
몽골 제국
10

신석기 시대 기원전 8000년경
신석기 문명이 탄생함

은나라 기원전 1600년경
문자와 청동기를 사용하기 시작함

춘추 전국 시대 기원전 551년
공자가 태어남

진나라 기원전 221년
진시황제가 중국을 통일함

한나라 기원전 139년
장건이 원정을 떠남

위진 남북조 시대 317년
호족이 중국의 북쪽을, 한족이 남쪽을 차지함

수나라 610년
대운하를 완성함

당나라 618~900년경
장안이 세계적인 도시가 됨

송나라 1141년
악비가 감옥에 갇혀 처형됨

원나라 1279년
쿠빌라이 칸이 중국 전체를 지배함

명나라 1405년
정화가 대항해를 시작함

청나라 1782년
《사고전서》를 완성함

청나라 1840년
아편 전쟁이 일어남

청나라 1872년
중국 어린이들이 미국 유학을 떠남

중화민국 1912년
아시아 최초의 공화국이 탄생함

중화 인민 공화국 1949년
중국이 사회주의 국가가 됨

금나라와 남송이 서로 대립하고 있을 때, 북쪽 멀리 있는 몽골 초원에서는 여러 개의 작은 부족들이 살고 있었어. 남쪽의 금나라가 워낙 강대국이어서 몽골 초원의 사람들은 기를 펴지 못했고 금나라의 괴롭힘을 당할 수밖에 없었어.

그때 테무친이라는 영웅이 혜성처럼 등장했어. '테무친'은 '최고의 쇠로 만든 사람'이라는 뜻이래. 테무친은 이름에 걸맞게 온갖 어려움을 극복하고 주변 부족들을 하나 둘씩 정복해 나갔어. 몽골 초원을 하나로 통일하면서 테무친은 최고 지도자의 자리에 올랐고 칭기즈 칸으로 이름도 바꾸었어. '칸'은 군주라는 뜻이야. 너희들이 잘 아는 '칭기즈 칸'의 몽골 제국은 이렇게 탄생한 거란다.

몽골, 유럽과 아시아를 정복하다

칭기즈 칸은 몽골 초원에 머무르지 않고, 주변 나라들을 공격하기 시작했어. 금나라는 몽골 제국에 수도를 빼앗기고 남쪽으로 쫓겨 내려갔고, 금나라 서쪽의 서하라는 나라는 몽골 제국에 조공을 바쳐야 했어. 몽골 군대는 서쪽으로 계속 진격해서 지금의 이란과 아프가니스탄쯤에 있었던 호레즘 왕국도 점령했어. 몽골 제국의 세계 정복은 칭기즈 칸이 죽은 뒤에도 계속되었어.

칭기즈 칸의 아들 우구데이 칸은 1234년 금나라를 완전히 정복하고 나서 유럽에 원정군을 파견했어. 원정군 사령관 바투는 모스크바를 함락시키고 지금의 폴란드까지 진격했어. 그때의 상황이 역사책에는 이렇게 기록되어 있어.

"전투를 하다가 죽은 병사들이 평원을 뒤덮었고, 몽골군은 죽은 병사들의 귀를 잘라 전리품으로 가져갔다. 귀를 담은 큰 자루가 아홉 개나 될 정도였다."

이런 이야기들이 유럽에 퍼지자 유럽 사람들은 공포에 떨었다고 해.

사신을 맞이하는 우구데이 칸
칭기즈 칸의 아들이자 몽골 제국 2대 칸 우구데이 칸이 여러 나라 사신들을 맞이해서 잔치를 베풀고 있는 모습이야.

몽골의 정복 전쟁은 여기에서 끝나지 않았어. 칭기즈 칸의 손자 뭉케 칸이 다스리던 시대에는 이슬람교도들이 다스린 아바스 왕조로 공격 방향을 바꾸었어. 당시 이 나라의 수도 바그다드는 세계에서 가장 큰 번영을 누리고 있었어. 궁궐, 사원, 학교, 정원, 분수와 같은 건축물들이 도시를 아름답게 수놓았고, 세계에서 흘러들어 온 돈과 물건이 시장에 넘쳐났어. 그러나 바그다드는 뭉케 칸이 보낸 훌레구라는 군사령관에게 점령당하고 말아.

500년 넘게 번영을 누린 도시 바그다드는 불바다로 변하고 말았어. 무려 17일 동안이나 도시를 약탈하고 파괴했다는구나.

몽골군과 싸우는 폴란드군
몽골과 폴란드가 격돌한 리그니츠 전투 장면이야. 몽골군은 이 전투에서 크게 승리하고 헝가리까지 나아갔어.

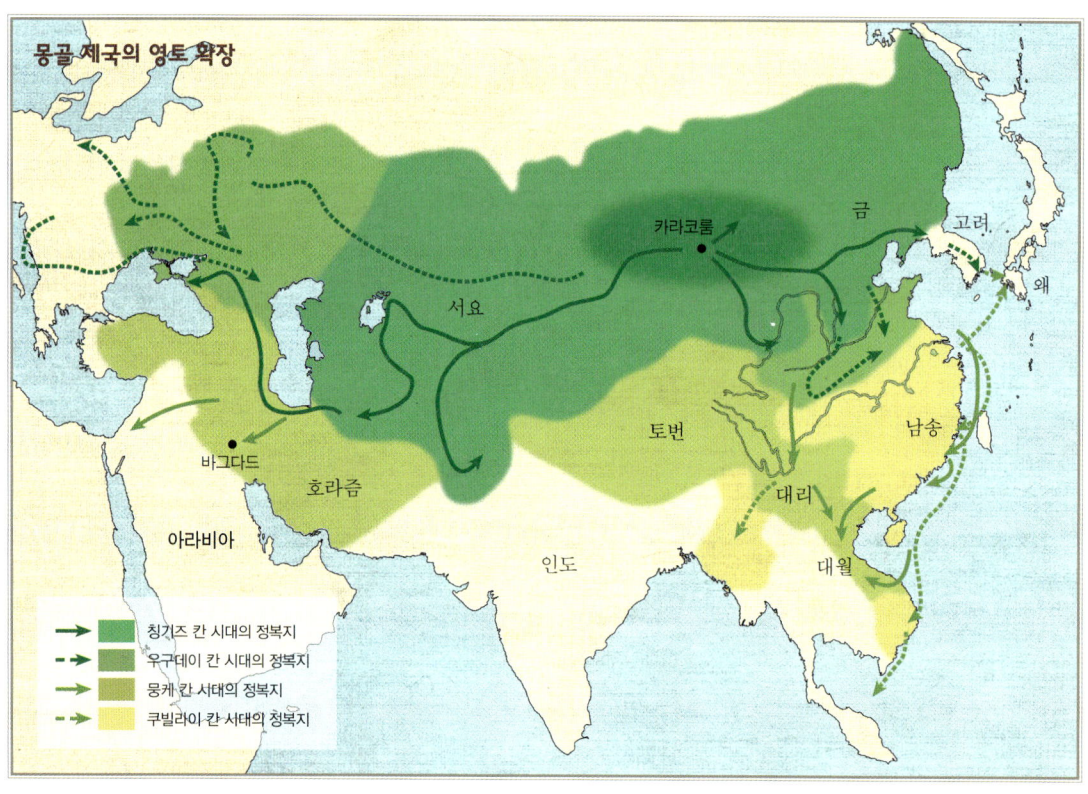

　위 지도를 한번 볼까? 몽골 제국은 뭉케 칸의 시대까지 남송과 동남아시아, 인도, 고려, 일본(왜) 정도를 제외하고는 아시아의 거의 모든 지역을 차지했구나. 그리고 유럽의 동부 지역도 자기네 땅으로 만들었네? 칭기즈 칸은 정복한 영토를 네 명의 아들에게 나누어 주었어. 이 네 나라를 '사한국四汗國'이라고 해. 이 나라들은 칭기즈 칸이 죽은 뒤 '몽골 제국'이라는 큰 이름 아래 독자적으로 발전한단다.

　이렇게 넓은 땅을 차지하는 데 50여 년밖에 걸리지 않았어.

게다가 처음 몽골 제국의 인구는 100만 명이었고 군사는 10만 명밖에 되지 않았어. 그 정도의 군사력으로 이렇게 빨리 전 세계를 공포에 떨게 하다니, 어떻게 그런 일이 가능했을까?

몽골의 정복이 성공을 거둔 까닭

우선 몽골군은 규율이 무척 엄격했어. 전쟁 중에 어느 마을을 점령하고 나면 그때부터 약탈을 하는 게 보통이야. 하지만 칭기즈 칸은 군사들이 제멋대로 약탈하는 걸 금지했어. 저마다 자기 욕심만 챙기다 보면 군대의 단결력이 떨어질 테니까 말이야. 그래서 약탈을 할 때도 규칙을 정했고, 약탈한 물건들을 모두 모은 뒤에 적당한 방식으로 나누었어.

몽골군 기병대
몽골군의 기본 전술은 기마 전술이었어. 그림은 몽골군이 중앙아시아에서 전투를 벌이는 모습이야. 후퇴하는 적군을 뒤쫓고 있구나.

원래 유목민들의 세계에서는 피로 맺어진 사이가 아니면 적이나 마찬가지였어. 하지만 몽골군은 혈연보다는 능력을 훨씬 중요하게 생각했대. 능력 있는 장군들이 앞장을 서니, 전쟁에서 이기는 건 당연했겠지?

그뿐이 아니야. 몽골군은 어느 곳에서나 잘 적응했어. 몽골군 하면 뭐가 가장 먼저 떠올라? 초원에서 말을 타고 달리며 화살을 쏘고 칼을 휘두르는 모습이 떠오르지 않니? 몽골군은 주로 말을 타고 다니는 기병이었고, 이를 이용한 전술을 펼쳤어. 그런데 만약 적군이 웅장한 성벽 안에서 아래로 지나는 몽골군 기병대에게 화살을 쏘아 댄다면 어떨까? 꼼짝없이 당했을까? 몽골군은 성벽을 만나면 적군의 공격을 대비해 전쟁 무기를 만들었어. 남송과 싸울 때는 페르시아에서 기술자 두 명을 불러다가 70킬로그램이나 되는 돌덩이를 쏘아 보낼 수 있는 기계를 만들었대. 상황에 맞게 전술을 적절히 사용할 줄 알았던 거야.

몽골군이 전투에만 뛰어났던 건 아니었어. 상대를 이기는 가장 좋은 방법은 뭘까? 싸우지 않고 이기는 게 가장 좋겠지? 몽골군은 어느 도시든 공격하기 전에 소문을 퍼뜨렸어.

"무시무시한 몽골군이 곧 몰려온다. 몽골군에게 맞서 싸웠다가는 한 사람도 살려 두지 않는다."

상대를 겁에 질리게 해서 항복하게 만드는 거지.

앞에서 몽골군이 적군을 죽이고 도시 전체를 불바다로 만든 이야기했지? 하지만 언제나 그렇게 했던 건 아니야. 항복하고 복종하기만 하면, 백성들뿐 아니라 통치하는 사람들도 그대로 살려 주었어.

쿠빌라이 칸의 중국 정복

몽골 제국이 적은 인구로 빠른 시간 안에 그렇게 넓은 영토를 차지할 수 있었던 까닭을 이젠 좀 알겠지? 이런 과정을 잘 알고 있어야 몽골 제국이 중국을 어떻게 다스렸는지도 이해하기가 쉬울 거야.

1234년 몽골 제국은 금나라가 지배하던 중국 북부를 완전히 차지했어. 이때부터 몽골 제국과 남송이 중국의 북쪽과 남쪽을 각각 다스리는 시대가 열린 거지.

이 새로운 역사의 문을 연 주인공은 칭기즈 칸의 손자 쿠빌라이 칸이야.

쿠빌라이 칸
남송을 멸망시키고 중국 전체를 다스렸던 몽골 제국의 제 5대 칸이야.

쿠빌라이는 1260년 몽골 제국의 칸이 되었어. 앞에서 이야기한 사한국은 각기 그곳 지배자들에게 맡기고 쿠빌라이 칸은 중국 지역을 다스렸어. 정복한 지역을 다스리는 것은 정복하는 것 못지않게 어려운 일이야. 그래서 쿠빌라이 칸은 정복한 영토를 다스리기 위해 다양한 방법을 생각해 내야 했단다.

우선 수도를 몽골 고원의 카라코룸에서 지금의 북경으로 옮겼어. 1271년에는 나라 이름을 중국식으로도 하나 더 지었어. 그게 바로 원나라야. 몽골 제국의 칸이었던 쿠빌라이는 중국의 황제로도 인정받고 싶었던 거야. 진정으로 중국의 황제가 되어야 중국 사람들의 존경을 받을 수 있고 그들을 잘 다스릴 수 있을 테니까.

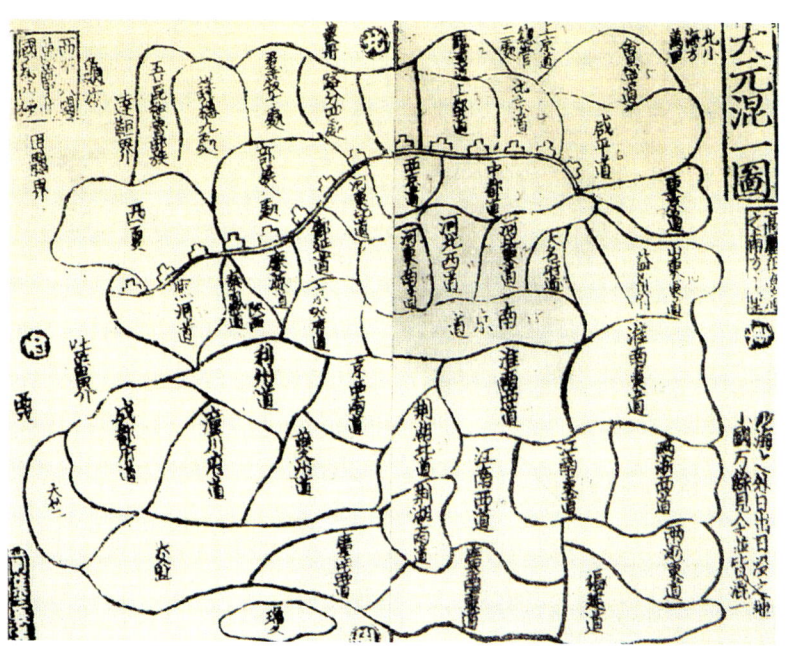

〈대원혼일도〉
원나라 때 만든 지도야. 원나라의 영토가 37개 지방으로 나뉘어져 있어. 땅의 실제 모양보다 지명을 아는 데 썼지. 그림 가운데 부분에 凸 모양이 쭉 늘어서 있는 거 보이지? 이건 만리장성이야.

그러나 쿠빌라이 칸은 여전히 반쪽짜리 중국 황제에 지나지 않았어. 왜냐고? 남송이 항복하지 않고 버티고 있었거든. 쿠빌라이 칸은 남송을 끊임없이 공격했고 1279년 드디어 남송을 정복했어. 이제 정말로 중국 전체를 다스리는 황제가 되었지.

쿠빌라이 칸, 다른 민족과 문화를 존중하다

쿠빌라이 칸은 한마디로 말해서 현실에 맞게 나라를 잘 다스린 사람이었어. 쿠빌라이 칸이 영토를 조금씩 넓힐 때마다 몽골 귀족들은 정복한 땅에 말을 먹일 풀을 키우자고 주장했어. 유목 민족이라 농사를 안 지어 봤으니, 그런 생각을 할 수도 있었겠지? 하지만 쿠빌라이 칸은 농민들의 토지를 빼앗지 않았어. 그래야만 농민들의 마음을 얻을 수 있고, 또 그 땅에서 나는 수확물을 세금으로 거둘 수 있으니까 말이야.

관리를 뽑을 때도 인종과 민족을 따지지 않았어. 그때 원나라에는 외국 사람이 무척 많이 들어와 있었어. 몽골 제국이 아시아에서 유럽에 걸쳐 있다 보니 외국 사람들이 원나라에 오기가 예전보다 훨씬 쉬워졌기 때문이야.

나라의 전체 계획을 짤 때는 주로 한족 관리들과 의논했고, 경제 분야는 셈에 밝은 이슬람 사람들에게 맡겼어. 건축은 네팔의 뛰어난 청년 건축가에게 맡겼다는 기록도 있어. 아 참, 그러고

원나라 지폐
쿠빌라이 칸이 원나라 최초로 발행한 지폐야. 그때는 이것을 '교초'라고 했어.

보니 유럽에서 온 마르코 폴로도 쿠빌라이 칸에게 선발되었으니, 빼놓아선 안 되겠구나.

쿠빌라이 칸은 종교도 어느 하나만을 강요하지 않았어. 쿠빌라이 칸은 마르코 폴로에게 이렇게 말한 적이 있어.

"모든 사람이 숭배하고 존경하는 네 명의 예언자가 있다. 기독교도들은 자기들의 신이 예수 그리스도라 하고, 이슬람교도는 무함마드(마호메트)라 하며, 유대교도는 모세라고 하고, 불교도들은 석가모니라 한다. 나는 이 넷을 모두 존경하고 숭배한다."

이 이야기는 쿠빌라이 칸이 네 개의 종교를 모두 믿었다는 것이 아니야. 자신이 모든 신들을 존경한다는 걸 천하에 알려서 사람들이 황제의 눈치를 보지 않고 원하는 신을 믿을 수 있게 하려는 의도였어.

쿠빌라이 칸은 불교를 좋아했던 거 같아. 특히 티베트 불교를 좋아해서 파스파 라마라는 사람을 가까이에 두었어. 쿠빌라이 칸은 파스파 라마에게 새로운 문자를 만들라고 지시했어. 몽골과 한족, 그리고 여러 나라에서 온 외국 사람들이 함께 사용할

마르코 폴로
《동방견문록》을 쓴 마르코 폴로야. 원나라에 온 마르코 폴로는 쿠빌라이 칸의 신하가 되어 17년 동안 살았어.

경교 신도의 묘비
묘비에 십자가 모양의 그림이 새겨져 있어. 이건 '네스토리우스파 기독교'라 불리는 '경교'의 상징이야. 서양의 종교가 아시아의 몽골 초원에까지 전파되었다는 걸 알 수 있지.

문자를 말이야. 이것이 바로 '파스파 문자'야.

쿠빌라이 칸은 파스파 문자를 공용 문자로 사용하라고 명령했어. 그렇다고 한족을 비롯한 여러 민족들의 고유 문자를 못 쓰게 하지는 않았어. 쿠빌라이 칸은 파스파 문자만을 강요할 생각도 없었고, 그게 가능하다고 생각하지도 않았던 거야.

사람들은 '몽골 제국' 이야기를 할 때면 언제나 칭기즈 칸을 가장 먼저 떠올리곤 해. 아시아뿐만 아니라 유럽에 이르는 넓은 영토를 정복한 영웅이었으니까. 하지만 칭기즈 칸은 정복한 사람이지 통치한 사람은 아니었어.

대제국을 건설한 알렉산드로스 알지? 알렉산드로스의 제국은 알렉산드로스가 죽자마자 분열하여 몰락하고 말았어. 하지만 몽골 제국은 달랐어. 칭기즈 칸이 죽은 뒤에도 100년이 넘게 살아남아 중국 땅을 다스렸어. 그럴 수 있었던 건 쿠빌라이 칸이 다른 민족과 문화를 존중했기 때문이 아닐까?

한나라 때 살았던 육가라는 학자는 "말 위에서 천하를 얻을 수는 있으나 천하를 다스릴 수는 없다"고 했어. 너희들 생각은 어때?

파스파 문자
몽골 제국 시대에 사용된 문자들이야. 오른쪽부터 한자, 몽골어, 티베트어, 산스크리트어, 파스파 문자야. 파스파 문자는 티베트어에 기초해서 만든 자모 41개로 구성되어 있는데, 대부분이 직사각형 모양인 게 특징이야.

몽골 제국의 몰락

1294년 쿠빌라이 칸이 죽자 그의 손자 테무르가 뒤를 이어 황제가 되었어. 그런데 쿠빌라이 칸 때와는 사뭇 달라졌어. 테무르 칸이 죽은 뒤 26년 동안 여덟 명의 황제가 등장할 정도로 나라가 안정되지 못했지. 게다가 황제가 바뀔 때마다 쿠데타와 음모가 끊이질 않아 나라가 혼란에 빠졌어.

그러다 전염병이 퍼지면서 원나라의 상황은 더욱 나빠졌어. 1331년 호북성이라는 곳에서는 전체 주민의 90퍼센트가 죽었다고 해. 2년 뒤에는 장강과 회하라는 강 유역에서 40만 명이 목숨을 잃었고. 다른 지역들도 사정은 비슷했을 거야. 게다가 홍수가 나서 엉망이 된 운하를 고치려고 17만 명의 백성을 동원하는 일까지 생겼어. 그러자 그 무렵부터 여러 지역에서 농민 반란이 일어났어. 반란군의 우두머리들 가운데 가장 뛰어났던 인물이 바

금을 칠한 자기는 바치지 마라

우리나라의 역사책 《고려사》에 보면, 이런 이야기가 있어.

조인규라는 고려 사신이 원나라에 가서 쿠빌라이 칸에게 고려자기를 선물했어. 쿠빌라이 칸은 고려자기를 보면서 말했어.

"자기에 금이 칠해져 있는데, 자기를 튼튼하게 하려고 칠한 것인가?"

조인규가 대답했어.

"아닙니다. 단지 자기를 장식하기 위해 칠한 겁니다."

그러자 쿠빌라이 칸이 다시 물었어.

"이 금은 다시 사용할 수 있는가?"

조인규가 대답했어.

"자기는 무척 깨지기가 쉽습니다. 금도 마찬가지입니다. 어찌 다시 사용할 수 있겠습니까?"

그러자 쿠빌라이 칸이 명령했어.

"낭비구나. 지금부터 금으로 장식한 자기는 내게 바치지 마라."

마르코 폴로의 《동방견문록》을 보면, 쿠빌라이 칸이 무척 호화로운 생활을 즐겼다고 되어 있어. 하지만 그건 쿠빌라이 칸의 노년 시절 일이고, 젊은 시절에는 검소하게 생활했다는구나.

로 주원장이야.

　주원장은 다음 장에서 다시 만날 거야. 주원장은 명나라를 세우고는 다른 반란 세력들을 꺾고 몽골 세력을 북쪽으로 몰아냈어. 세계 제국으로 몽골이 지배한 중국 대륙의 역사는 이렇게 막을 내리게 되었단다.

'야만인'의 시대에 최고의 예술가가 나오다

원나라가 남송을 정복하자, 남송의 관리와 학자들은 군대를 일으켜 저항하기도 하고 깊은 산속으로 들어가 숨어 지내기도 했어. 하지만 원나라의 지배를 받아들이고 몽골을 위해 일한 남송 사람들도 적지 않아.

조맹부는 시, 글씨, 그림에 뛰어난 남송 최고의 예술가야. 원래 남송 황실의 친척이었는데 남송이 몰락한 뒤 쿠빌라이 칸을 위해 일하기로 결심하고 북경으로 갔어. 쿠빌라이 칸이 예술을 아끼는 황제라는 이야기를 들었거든. 그러자 조맹부의 친구들은 '야만인'을 섬긴다며 비난했고, 남송의 황실은 조맹부를 같은 가문 사람으로 인정하지 않았어.

조맹부는 시를 지어 자신을 변호했어.

"세상을 살아가는 사람은 저마다 처한 시대가 다르니, 벼슬길에 나아가고 물러나는 것은 각자의 상황대로 하면 될 것이다."

조맹부는 원나라 조정에서 일하면서 중국

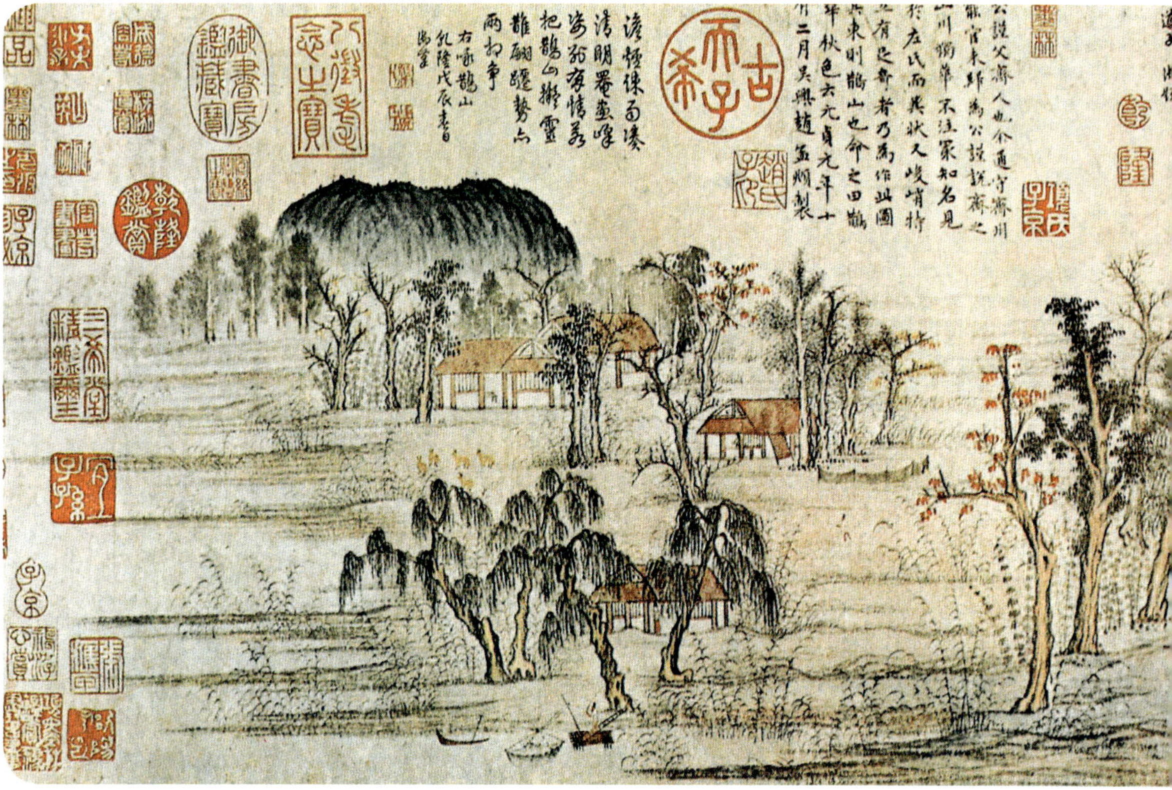

북부 지방을 많이 여행했어. 남부 지방에 있을 때는 보지 못한 그림들을 많이 모았지. 이런 경험을 한 조맹부는 남송의 그림 형식에서 벗어나 자유롭게 그림을 그렸어. 또 조맹부의 글씨를 '조맹부체'라고 하는데, 중국뿐 아니라 우리나라에도 많은 영향을 끼쳤단다.

 예부터 중국 사람들은 유목민을 야만인이라며 무시하곤 했어. 그래서 야만인인 몽골 사람들에게 무슨 문화와 예술이 있겠냐고 비아냥거리는 사람들도 많아. 하지만 몽골 사람들은 뛰어난 예술가들을 관리로 선발하고, 자유롭게 예술 활동을 할 수 있도록 해 주었지. 그랬기 때문에 조맹부 같은 중국 최고의 예술가가 탄생할 수 있었던 거야.

조맹부가 그린 산수화
〈작화추색도〉라는 작품인데, '작산'과 '화산' 주변의 가을 풍경을 그렸다는 뜻이야. 왼쪽의 빵덩어리처럼 둥근 산이 작산이고, 오른쪽의 뾰족한 산이 화산이래. 중국은 물론이고 우리나라 그림에도 큰 영향을 끼쳤다는구나.

| 인도 벵골 왕에게 받은 기린이 북경에 도착하는 모습

• 명나라 •

남쪽 바다로 떠난 정화의 함대

11

신석기 시대 기원전 8000년경
신석기 문명이 탄생함

은나라 기원전 1600년경
문자와 청동기를 사용하기 시작함

춘추 전국 시대 기원전 551년
공자가 태어남

진나라 기원전 221년
진시황제가 중국을 통일함

한나라 기원전 139년
장건이 원정을 떠남

위진 남북조 시대 317년
호족이 중국의 북쪽을, 한족이 남쪽을 차지함

수나라 610년
대운하를 완성함

당나라 618~900년경
장안이 세계적인 도시가 됨

송나라 1141년
악비가 감옥에 갇혀 처형됨

원나라 1279년
쿠빌라이 칸이 중국 전체를 지배함

명나라 1405년
정화가 대항해를 시작함

청나라 1782년
《사고전서》를 완성함

청나라 1840년
아편 전쟁이 일어남

청나라 1872년
중국 어린이들이 미국 유학을 떠남

중화민국 1912년
아시아 최초의 공화국이 탄생함

중화 인민 공화국 1949년
중국이 사회주의 국가가 됨

1405년 6월 15일, 지금의 상해 서북쪽에 있는 유가항 앞바다. 이곳 바다는 엄청나게 많은 배들로 가득 차 있었어. 60여 척의 거대 함대가 늘어서 있었는데 가장 큰 배는 길이가 120미터, 폭이 48미터가 넘었지. 100여 척의 작은 배들이 그 배들을 둘러싸고 있었어. 크고 작은 배에 나눠 탄 선원들이 무려 2만 7000여 명. 어때? 이 정도면, 마치 작은 왕국이 바다 위에 떠 있는 것처럼 보이지 않았을까?

선원들은 모두 해군 총사령관 정화가 탄 배를 바라보고 있었어. 잠시 후 "출발하라!"는 정화의 명령이 떨어졌어. 그러자 200척에 가까운 배들이 천지를 뒤흔들 듯 북소리를 울리며 한 몸이 되어 남쪽으로 움직이기 시작했어. 이 엄청나게 많은 배들은 도대체 어디로 가는 걸까?

정화와 영락제의 만남

해군 총사령관 정화의 조상은 아라비아에서 온 이슬람교도였어. 몽골이 지배하던 시절, 많은 외국 사람들이 원나라로 건너왔다고 했지? 정화의 조상도 그 무렵 중국에 와서 운남성이란 곳에 자리를 잡고 살았어. 정화는 몽골 사람들이 북쪽으로 물러나기 얼마 전에 태어났어.

앞 장에서 몽골 사람들을 몰아내고 명나라를 세운 주원장에 대해 잠깐 이야기했지? 주원장은 몽골과 전쟁을 벌일 때 아들 주체에게 운남성을 공격하라고 명령했어. 운남성에 살던 정화는 주체가 이끄는 명나라군에게 붙잡혔고, 목숨은 건졌지만 거세를 당해 환관이 되고 말았어. 하지만 환관 정화는 주체가 왕위에 오르는 데 공을 세워서 주체의 부하가 되었지.

주원장은 명나라의 첫 번째 황제가 된 후, 맏아들을 후계자로 정했어. 그리고 나머지 아들들은 명나라의 북쪽 변방으로 보냈어. 왜 그랬을까? 북쪽으로 내몰린 몽골이 명나라를 공격할까 두려웠기 때문이야. 이때 주원장의 아들 주체는 지금의 북경 지역에 배치되었고, 정화도 주체를 따라서 함께 북경으로 갔어.

그런데 후계자로 삼은 맏아들이 너무 일

영락제
아버지 주원장을 도와 명나라를 세우는 데 앞장선 주체는 명나라 3대 황제, 영락제가 되었어. 황제가 된 뒤에는 몽골 같은 대제국을 꿈꾸며 정화를 먼 바다로 보냈단다.

찍 죽고 말았어. 그래서 주원장은 맏아들의 아들을 다시 태자로 삼았어. 손자를 후계자로 정한 셈이지. 이 손자가 주원장이 죽자 뒤를 이어 명나라 2대 황제가 된 건문제야.

건문제는 황제가 되었지만 몹시 불안했어. 몽골을 막기 위해 북쪽에 배치된 삼촌들이 언제 자기 자리를 노릴지 몰랐으니까. 건문제는 삼촌들을 제거하기로 결심했어. 주체는 건문제의 속셈을 눈치채고는 막강한 군사를 끌고 수도 남경으로 진격해서 건문제를 몰아냈어. 그리고 명나라 3대 황제가 되어 영락제라고 불리게 된단다. 정화는 이때 주체를 도와 큰 공을 세웠지.

영락제는 명나라 황제의 자리로는 성이 차지 않았나 봐. 주변에 있는 나라들을 자기 발 아래에 무릎을 꿇려서 온 세상의 황제로 존경받고 싶었던 모양이야. 그래서 북쪽의 몽골을 계속 공격하는 한편, 남쪽의 나라에는 대규모 함대를 보내 그들을 정복하

자금성
오늘날 북경 자금성의 모습이야. 영락제는 건문제를 몰아내고 황제가 된 뒤 수도를 남경에서 북경으로 옮기고 황궁인 자금성을 지었어.

기로 했어.

영락제는 정화를 함대의 총사령관으로 임명했어. 자기가 가장 믿는 신하였기 때문이기도 했고, 그보다 더 중요한 이유가 있었어. 정화의 조상이 이슬람교도라고 했지? 이슬람교도는 송나라 때와 원나라 때 바닷길로 아라비아와 중국을 오가면서 교역을 한 경험이 많아. 영락제는 정화가 그런 이슬람교도의 자손이기 때문에 함대를 잘 이끌 수 있을 거라 믿었던 거야.

첫 번째 항해를 떠나다

1405년 6월 15일, 정화가 출발 명령을 내리자 함대가 꿈틀거리며 남쪽으로 떠나기 시작했어.

이 대규모 함대에 탄 사람은 무려 2만 7000여 명. 군인은 물론이고 외교관, 천문학자, 아라비아 통역관 등 다양한 사람들이 있었지. 재미있는 건 의사만 180명이나 타고 있었다는 거야. 하지만 따지고 보면 그리 많은 것도 아닌 거 같아. 의사 한 사람이 150명 정도를 맡은 셈이니까.

배의 크기는 어느 정도였을까? 가장 큰 배는 길이가 120미터, 폭이 48미터가 넘을 정도로 컸어. 이 정도면 지금의 상암 월드컵 경기장과 크기가 비슷하지 않았을까? 덩치 큰 배만 있었던 건 아니야. 좁은 강줄기를 따라 가거나 수심이 낮은 항구에 머물

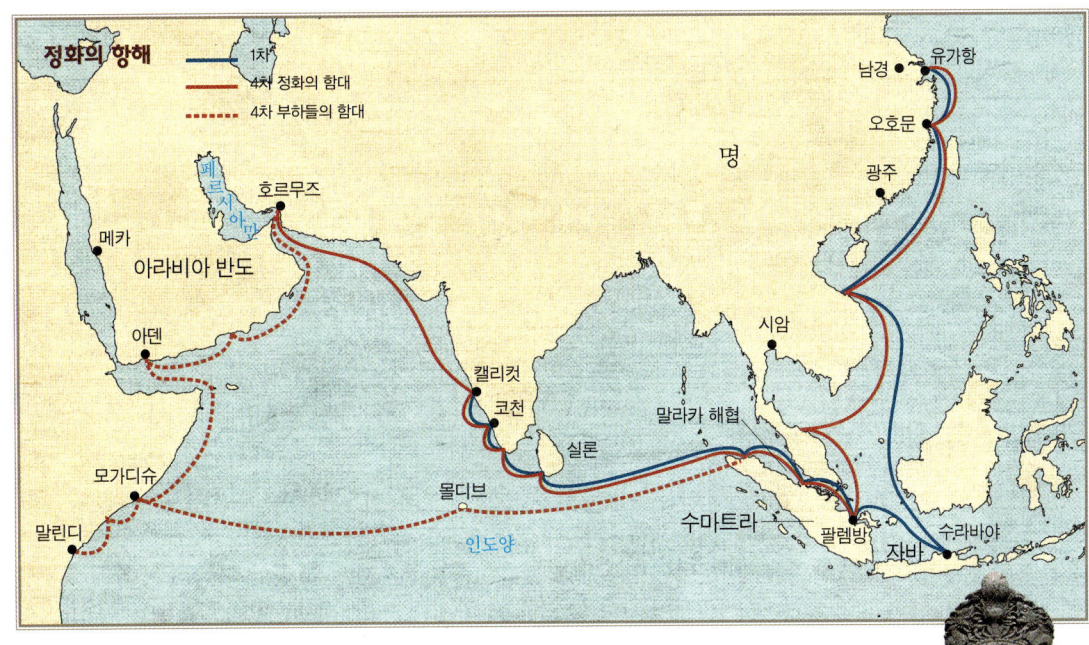

러야 할 때도 있었겠지? 그래서 작은 배들도 많이 있었어.

규모가 큰 것까지는 좋은데, 그럼 2만 7000명이 넘는 사람들의 먹을 것과 마실 것은 어떻게 해결했을까? 식수와 식량을 싣고 다니면서 각 배에 전해 주는 배들이 따로 있었다는구나.

자, 그럼 이제 이 함대가 어디로 갔는지 살펴볼까? 지도를 보면서 이야기하자꾸나.

유가항을 출발한 함대는 해안선을 따라 남쪽으로 가다가 먼저 인도네시아의 자바에 들렀어. 그리고 나서 말라카 해협을 거쳐서 실론에 들른 뒤, 최종 목적지인 인도의 캘리컷에 도착했어.

타이의 명나라 장수
타이의 왕궁에 있는 명나라 장군의 석상이야. 다른 나라에 와 있는데도 당당한 모습을 하고 있어. 동남아시아까지 명나라의 힘이 미쳤던 것을 알 수 있어.

캘리컷 항구
1498년 포르투갈의 바스코 다 가마는 아시아 항로를 개척했어. 바스코 다 가마가 아프리카를 빙 돌아서 마지막에 도착한 곳도 바로 인도의 캘리컷이었어. 저 멀리 유럽 상인들에게도 잘 알려져 있을 정도로 캘리컷은 유명한 곳이었던 모양이야. 지금은 '코지코드'라고 불린단다.

당시 캘리컷은 인도양 무역의 중심지 역할을 하는 도시였어. 명나라, 페르시아 등 여러 나라에서 온 상인들로 북적였지.

정화의 함대는 가는 곳마다 명나라의 막강한 군사력과 선진 문물을 뽐내며 여러 나라에 조공을 바치라고 요구했어. 그러자 많은 나라들이 명나라에 굴복하고 조공을 바치겠다고 약속했어. 물론 조공을 거부하는 나라와는 전쟁을 벌이기도 했어.

여기에서 한 가지 궁금한 게 생기는구나. 명나라의 배들은 어떻게 그 먼 곳을 다녀올 수 있었을까? 아직 증기기관도 없던 시절인데 말이야. 학자들은 그때 명나라 조선술과 항해술이 무척 발달해 있었다고 이야기해.

당나라 말이나 송나라 초쯤부터 바닷길로 교역을 했기 때문에 배를 만드는 기술과 나침반과 별자리를 보며 길을 찾는 기술이

명나라 함대와 유럽 함대

명나라 함대의 규모에 대해서 잠깐 이야기했지? 규모는 무척 큰 것 같은데, 도대체 어느 정돈지 감이 잘 안 오지? 당시 서양의 함대와 잠깐 비교해 볼까?

그 무렵 서양에서 가장 큰 함대를 가지고 있던 나라는 베네치아였어. 300척의 배를 가지고 있었지. 명나라에 견주면 10분의 1도 채 되지 않는 규모야.

규모뿐만 아니라 배의 크기도 차이가 컸어. 그림을 한번 봐. 배 두 척이 그려져 있지? 이 중에 큰 것은 명나라의 배이고 작은 것은 콜럼버스가 탔던 산타마리아호야. 한눈에 봐도 크기 차이가 어마어마하지? 명나라의 배는 길이가 120미터, 폭이 48미터 정도이고, 산타마리아호는 길이가 24미터밖에 되지 않았어. 그때 명나라 함대의 규모가 어느 정도였는지 이제 짐작이 가는구나.

뛰어났던 거야. 명나라는 그걸 더욱 발전시켰단다. 그리고 정화의 함대는 길이가 6.3미터나 되는 큰 바다 지도도 가지고 다녔다는구나.

아라비아를 거쳐 아프리카까지

1차 항해를 마치고 돌아온 정화는 비슷한 길로 두 번 더 항해를 떠났어. 그러고 나서 1412년 영락제는 정화에게 4차 항해를 떠나라고 명령했어. 이번에는 앞의 세 번과 달랐어. 인도에서 멈추지 말고 인도의 서쪽으로 멀리 떨어져 있는 아라비아 반도까지 가라고 명령했거든. 영락제는 페르시아 만에 있는 호르무즈 같은 항구 도시에까지 자신의 명성을 퍼뜨리고 싶었던 거야.

이번엔 좀 더 많은 준비가 필요했어. 예전에 가 보지 못한 새로운 곳으로 가려면 당연히 그래야 했겠지? 정화는 아라비아 반도와 페르시아의 정치와 문화에 대해 잘 알고 아랍 말과 페르시아 말에 능통한 사람 셋을 뽑았어.

1413년 겨울, 정화는 이번에도 큰 배 63척과 2만 7000여 명의 사람을 태운 큰 함대를 이끌고 남경을 출발했어. 정화의 항해를 그린 앞의 지도를 다시 보렴. 수마트라에 도착한 함대는 여기에서 둘로 나뉘었어.

인도네시아의 정화 사당
인도네시아 섬 자바에 있는 정화의 사당이야. 정화가 이곳에 온 걸 기념하기 위해 인도네시아 사람들과 중국 화교들이 함께 만든 거래.

정화가 이끄는 함대는 우선 예전처럼 캘리컷으로 갔어. 그리고 25일 동안 서쪽으로 더 나아가서 호르무즈에 도착했어. 정화는 호르무즈 왕에게 영락제의 조서를 건네주고는 원래의 항로를 따라 귀국했어.

그럼 수마트라에서 헤어진 정화의 부하들은 어떻게 되었을까? 그 함대들은 정화의 명령을 받아 몰디브에 들른 뒤 아라비아 해를 횡단해서 아프리카 동해안까지 나아갔어. 아주 멀리까지 간 거지. 그때 아프리카 동해안의 작은 항구 도시에는 특히 이슬람 상인들이 많이 오갔어. 값비싼 상아와 금이 많이 생산되었기 때문이야.

정화가 보낸 함대는 아프리카 동해안을 돌며 여러 도시의 지배자들을 복종시켰어. 명나라에서 볼 수 없었던 동물을 가져오기도 했는데 이 장 맨처음에 나온 그림 속 기린도 그 가운데 하나야. 원래 아프리카의 동물인데 인도를 거쳐 명나라에 온 거지. 중국에서 기린은 옛날 노래에 많이 나오던 상상 속의 동물이었고, 중국 사람들은 기린이 좋은 일을 많이 생기게 해 준다고 믿고 있었어. 기린을 본 영락제는 먼 옛날 요 임금과 순 임금이 다스리던 태평성대가 다시 왔다며 크게 기뻐했다는구나.

명나라의 도자기
정화의 함대는 명나라의 도자기나 비단 등을 싣고 다녔어. 오래전부터 중국의 도자기는 외국 사람들에게 인기가 많은 물건이었지. 그래서 서양에서는 중국에서 온 도자기를 '중국'의 영어 이름인 '차이나china'라고 부르기도 해.

중국, 바다에서 자취를 감추다

정화는 모두 일곱 번의 항해를 떠났어. 당시 세계에서 가장 큰 함대를 이끌고 동남아시아를 거쳐 인도, 아라비아, 아프리카 동해안까지 다니면서 많은 나라를 정복하고 진귀한 물건들도 가져왔다니, 정말 놀랍지 않니?

그런데 명나라는 바다를 통해 세계로 나아갔음에도 불구하고 일반 백성들이 바다를 통해 교역하는 것은 금지했어. 이런 정책을 '해금' 정책이라고 해. '해금'은 바다를 드나드는 걸 금지한다는 뜻이지. 그리고 외국의 사신이 조공을 바치는 건 허락했지만, 외국 상인들이 개인적으로 명나라를 드나드는 건 못하게 했어. 송나라 때와 원나라 때는 외국과 무역이 활발해서 서로 부족한 물건들을 쉽게 교환할 수 있었는데, 명나라 때는 그렇지 않았던 거야.

정화의 6차 항해가 끝나고 얼마 지나지 않아 영락제는 죽고 말아. 영락제가 죽은 뒤에도 한 차례 더 항해가 이루어졌지만, 1433년 정화가 죽자 항해는 중단되었고, 그 뒤 정화의 함대 같이 거대한 함대는 다시 볼 수 없게 되었어. 그럼 명나라는 왜 항해를 중단시킨 걸까?

정화의 항해는 돈이 무척 많이 드는 사업이었어. 3만 명에 가까운 사람이 200척이나 되는 배를 타고 1~2년씩 항해를 했다고

海禁
바다 해 금할 금

생각해 봐. 그런 항해를 일곱 번이나 했으니, 나라 살림이 견디기 어려웠겠지?

게다가 중국은 옛날부터 '지대물박'의 나라라고 불렸어. 지대물박이란 '땅이 넓고 물자가 풍부하다'는 뜻이야. 지금도 그렇지

地大物博
땅 지 클 대 물건 물 넓을 박

포르투갈 사람이 그린 항해 지도
포르투갈은 바스코 다 가마가 아프리카 희망봉을 돌아 인도 캘리컷으로 가는 항로를 개척한 뒤, 아시아 무역에 뛰어들었어.

남쪽 바다로 떠난 정화의 함대 | 147

만 영토가 넓은 중국은 옛날부터 논밭도, 산도, 바다도 넓어서 수확물이 다양하고 많았어. 별의별 물건들이 다 생산되었지. 그러니 정화의 함대가 외국에서 가져온 물자들도 그리 대단해 보이지 않았을 거야.

또 정화의 함대가 가져온 것 중에는 명나라 사람들의 생활에 도움이 되는 것이 별로 없었어. 황제에게 바치는 귀한 선물이 대부분이었지. 아까 영락제가 기린을 선물로 받았다고 했지? 이런 조공품은 보기에는 신기하고 재미있었을지 몰라. 하지만 그게 평범한 명나라 백성들에게 정말 필요했을까?

정화의 마지막 항해가 끝나고 나서 60년이 지난 1492년, 콜럼

버스가 아메리카 대륙에 도착했어. 그러고 나서 얼마 후, 포르투갈의 바스코 다 가마가 인도로 가는 항로를 발견하게 돼. 그 항로를 따라 포르투갈, 스페인, 네덜란드, 영국 사람들이 앞다투어 아시아의 바다로 몰려들었어. 그렇게 해서 유럽 사람들은 아시아의 바다를 서서히 차지하게 된단다.

학자들 중에는 정화의 항해를 비판하는 사람이 적지 않아. "크고 화려하기만 했지 실속은 없었다", "결국 아시아의 바다를 차지한 것은 유럽 사람들이었다" 하면서 말이야.

서양 사람들은 아주 먼 옛날부터 쭉 서양이 동양보다 더 발전된 문명을 일구어 왔다고 주장해. 우리나라를 비롯한 아시아 여러 나라에서도 서양 사람들의 생각을 그대로 받아들이는 사람들이 여전히 많아.

하지만 분명한 건 500여 년 전까지만 해도 중국은 서양이 감히 쫓아올 수 없을 정도로 최고의 선진 문명을 일군 나라였다는 거야. 정화의 항해 이야기를 읽어 보니 그런 생각이 들지 않니?

서양 문명을 전해 준 선교사, 마테오 리치

우선, 오른쪽 지도부터 살펴보자꾸나. 이건 세계 지도야. 지도 왼쪽 끝부터 보면, 아프리카가 있고 그 위에 지중해와 유럽이 보여. 오른쪽 끝에는 아메리카가 있네? 지도 아래쪽에는 남극대륙이 넓게 펼쳐져 있구나. 곳곳에 재미있는 배와 동물 그림도 보여. 한가운데는 작아서 잘 안 보이지만 우리나라도 있고 이웃 나라인 중국과 일본도 있어.

이 세계 지도의 이름은 〈곤여만국전도〉. 명나라 때 만든 거야. 지도를 만든 사람은 이탈리아의 마테오 리치야. 그는 어떤 사람이었기에 명나라에 와서 이런 지도를 그렸을까?

1578년 이탈리아의 선교사 마테오 리치는 유럽 천주교 예수회의 명령을 받고 명나라로 갔어. 1582년 명나라의 남쪽 끝 마카오에 도착한 마테오 리치는 우선 명나라의 말을 익혔어. 명나라 사람들에게 선교하려면 말부터 통해야 했을 테니까. 그리고 명나라 문화를 이해하려고 고전 공부도 많이 했어.

그렇게 자신감을 얻은 마테오 리치는 마카오를 떠나 북경으로 향했어. 명나라의 수도 북경에 가서 영향력 있는 사람들에게 천주교를 빨리 전파하고 싶었지. 하지만 명나라 사람들에게 천주교는 너무나 낯선 종교였어. 오

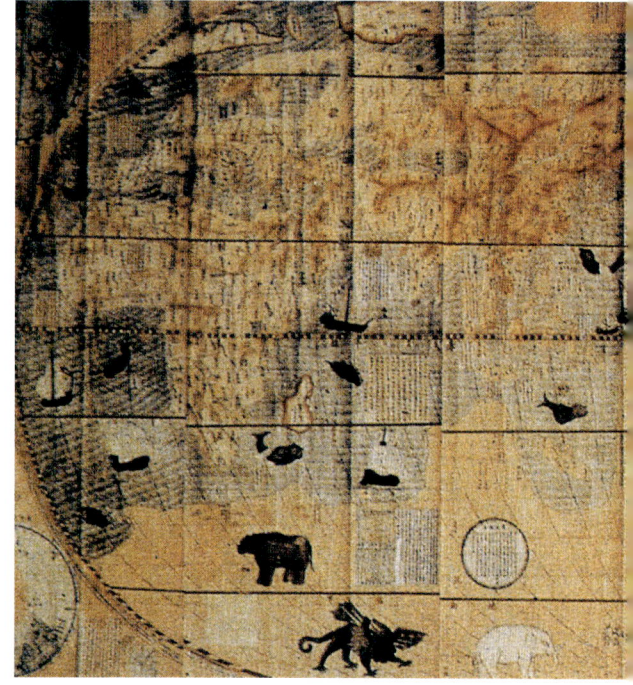

히려 마테오 리치는 감옥에 갇히고 말았어.

"명나라 사람들이 좋아할 만한 걸 많이 가르쳐 주면 친해질 수 있을 거야. 그러면 천주교를 쉽게 전파할 수 있을지도 몰라."

이때부터 마테오 리치는 서양의 학문과 문물을 명나라 사람들에게 가르치기 시작했어. 서양 수학에 관한 책이나 서양 그림 그리는 방법을 담은 책을 번역해서 명나라에 소개했어. 명나라 사람과 〈곤여만국전도〉를 함께 만들기도 했고 말이야.

▲ 예수회를 찾아간 강희제
청나라 강희제가 유럽 선교사들과 대화를 나누는 모습이야. 선교사들은 강희제의 후원을 받으며 서양의 기술과 문물을 전했어.

◀ 〈곤여만국전도〉
마테오 리치가 명나라 사람들과 함께 만든 세계 지도야. 가로 533센티미터, 세로 170센티미터나 되는 큰 지도야. 중국에서 열두 번이나 새로 찍어 낼 정도로 인기가 많았어.

〈곤여만국전도〉는 마테오 리치가 명나라 학자 이지조와 함께 만들었어. 아시아, 유럽, 아프리카, 남북아메리카, 오세아니아, 남극이 모두 그려져 있지. 중국에서 열두 번이나 새로 찍어 낼 정도로 인기가 있었다는구나. 이 세계 지도를 통해, 중국인들은 세계에 대해 좀 더 정확하게 알 수 있게 되었어.

마테오 리치는 우리나라와도 인연이 깊은 사람이야. 그가 쓴 《천주실의》는 우리나라에 소개되어, 천주교가 우리나라에 전파되는 데 큰 영향을 끼쳤어.

마테오 리치는 1610년 북경에서 죽고 말아. 하지만 이후에도 유럽에서 오는 선교사의 행렬은 끊이지 않았어.

특히 청나라 황제 강희제는 예수회 선교사들을 후원했어. 이처럼 명나라와 청나라 때 중국에 온 선교사들은 서양의 문물을 전해 주었고, 중국 문화는 더욱 풍요로워질 수 있었단다.

[〈강희제남순도〉에 그려진 상업이 발달한 청나라 남경의 모습]

• 청나라 •

중국 문화의 전성기

12

신석기 시대 기원전 8000년경
신석기 문명이 탄생함

은나라 기원전 1600년경
문자와 청동기를 사용하기 시작함

춘추 전국 시대 기원전 551년
공자가 태어남

진나라 기원전 221년
진시황제가 중국을 통일함

한나라 기원전 139년
장건이 원정을 떠남

위진 남북조 시대 317년
호족이 중국의 북쪽을, 한족이 남쪽을 차지함

수나라 610년
대운하를 완성함

당나라 618~900년경
장안이 세계적인 도시가 됨

송나라 1141년
악비가 감옥에 갇혀 처형됨

원나라 1279년
쿠빌라이 칸이 중국 전체를 지배함

명나라 1405년
정화가 대항해를 시작함

청나라 1782년
《사고전서》를 완성함

청나라 1840년
아편 전쟁이 일어남

청나라 1872년
중국 어린이들이 미국 유학을 떠남

중화민국 1912년
아시아 최초의 공화국이 탄생함

중화 인민 공화국 1949년
중국이 사회주의 국가가 됨

문연각

중국 북경에 가면 자금성이 있어. 자금성은 명나라와 청나라 때 황제와 관리들이 나랏일을 하던 곳이야. 우리나라의 경복궁과 비슷한 곳이라고 생각하면 돼. 자금성에 들어가면 문연각이라는 건물이 있어. 문연각은 지금의 국립 도서관 같은 곳으로 청나라의 건륭제라는 황제가 만들었어.

문연각에는 《사고전서》라는 책이 보관되어 있었어. '사고四庫'는 네 가지 창고라는 뜻이야. 경經(유교경전)·사史(역사)·자子(사상·기술)·집集(문학), 이렇게 네 가지로 분류해서 만들었기 때문에 붙여진 이름이야.

《사고전서》가 몇 권이나 되는지 알아? 무려 8만 권에 달해. 완성하는 데 40년이나 걸렸다는구나. 이 책이 중요한 건 단지 책의 권수가 많고 만드는 데 긴 시간이 걸렸기 때문만은 아니야. 지금으로 말하면,《사고전서》는 백과사전 같은 책이야. 세상 모든 지식을 다 머금은 책인 거지. 그때엔《사고전서》만 옆에 두고 있으면, 이 세상 어떤 궁금증도 다 풀 수 있었을 거야.

그렇게 방대한 내용을 담은 책이니, 만드는 게 얼마나 힘들었을까? 이처럼 거대한 일이 어떻게 가능했을까? 나라에서 지원하지 않았다면 해낼 수 없었을 거야. 물론 수많은 학자들이 오랫동안 긴 밤을 꼬박 지새웠겠지.

남경까지 진입한 청나라군
청나라는 북경을 점령하고 명나라를 멸망시킨 뒤에 남쪽 지방을 계속 공격했어. 그림은 청나라군이 남경을 점령하자, 명나라 장군이 항복하는 모습이야.

《사고전서》의 탄생

청나라는 만주족이 명나라를 멸망시키고 세운 나라야. 그러자 명나라 사람들은 거세게 반대했어. 명나라 사람들이 보기에 만주족은 야만족이었거든. 자존심 센 명나라 사람들은 야만족이 다스리는 나라를 섬기고 싶지 않았을 거야. 그래서 이미 멸망한 명나라를 계속 그리워하면서 청나라를 멸시했지.

청나라는 두 가지 생각을 하고 있었어. 명나라 사람들을 무력으로 다스려야 한다는 생각과 그들을 포용해서 나라를 발전시켜야 한다는 생각. 그래서 청나라는 만주족에게 반대하는 것만 아니라면 어떤 학문이든 연구할 수 있도록 후원해 주었어. 명나라 사람들도 처음엔 머뭇거렸지만, 서서히 청나라에 마음을 열기 시작했어.

강희제, 옹정제, 건륭제는 청나라의 전성기를 이끈 황제들이야. 세 명의 황제는 청나라의 영토를 크게 넓혔어. 청나라의 영토를 자세히 보면 지금의 중국 영토와 거의 비슷해.

물론 영토를 넓혔기 때문에 전성기라고 하는 것은 아니야. 세 황제는 만주족 고유의 문화도 지키면서, 한족의 학문과 문화도 함께 발전시키려고 노력했어. 강희제 때 펴낸 《고금도서집성》, 《강희자전》을 비롯해 건륭제가 주도해서 만든 《사고전서》가 이

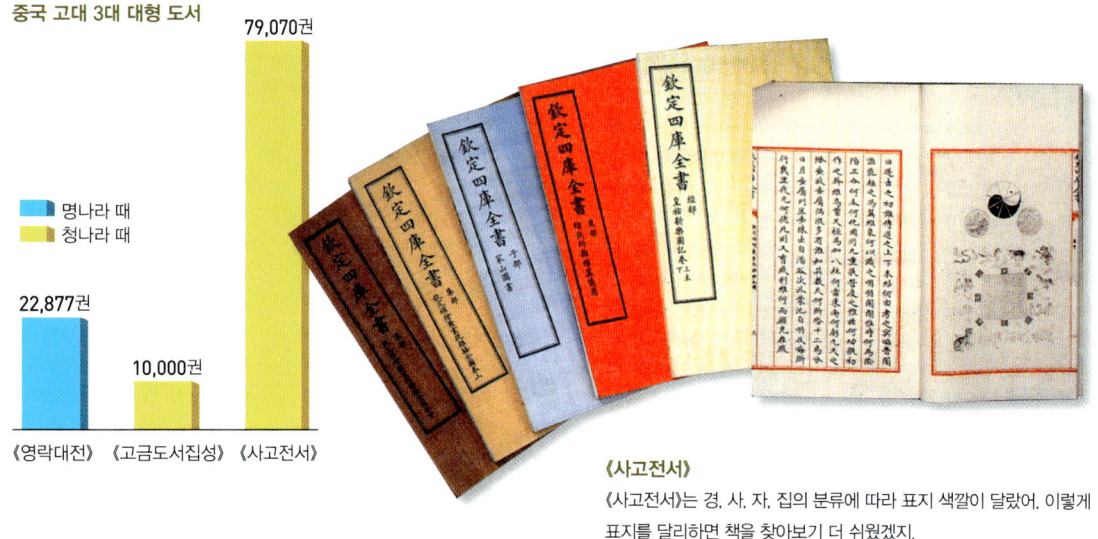

《사고전서》
《사고전서》는 경, 사, 자, 집의 분류에 따라 표지 색깔이 달랐어. 이렇게 표지를 달리하면 책을 찾아보기 더 쉬웠겠지.

를 뒷받침해 주지. 이 가운데 가장 규모가 큰 책은 《사고전서》야.

《사고전서》를 만들 때 수많은 한족 학자들이 참여했어. 이 사업을 주도한 건 건륭제였지만, 학자들이 없었다면 이런 엄청난 책을 만들 수 없었을 거야.

그런데 건륭제가 나라의 학문과 사상을 억압하기 위해 《사고전서》를 만들었다고 말하는 사람도 있어. 무슨 뜻일까? 건륭제는 이 책을 만들면서 전국에 흩어져 있는 책들을 모두 사들였고, 청나라에 불리한 내용의 책은 내용을 고치거나 아예 없애 버렸거든.

군주가 최고 지배자인 나라에서는 나라에 반대하는 학문과 사상을 억압하는 것이 흔한 일이었어. 물론 지금과 같은 민주주의 국가에서는 절대 그래서는 안 되지만 말이야.

건륭제는 《사고전서》를 완성한 다음 여섯 질을 더 만들었어. 그것도 인쇄를 한 게 아니라 모두 손으로 베껴서 만들었다는구나. 그럼 모두 일곱 질이 되었겠지? 이 중 네 질은 북부에 두었고, 세 질은 남쪽 지방으로 내려 보냈어. 남쪽 지방에 있는 학자들의 학문 연구에 도움을 주기 위해서였지.

많은 책이 보급되다

건륭제
건륭제가 청나라 6대 황제 된 첫 해, 그러니까 스물네 살 때 그린 초상화야. 건륭제는 황제가 된 뒤 60년 동안 청나라의 영토를 크게 넓히고 다양한 문화 사업을 벌였어.

《사고전서》 편찬과 같은 대규모 문화 사업은 황제와 몇몇 학자의 노력만으로 이루어지는 건 아니야. 그때 많은 책이 만들어졌고, 책을 사고팔 수 있는 시장도 만들어져 있었기 때문에 가능했던 것이지.

중국에서 책을 만들기 시작한 건 당나라 말 무렵부터지만, 책의 양이 부쩍 늘어난 건 명나라 말부터라고 해.

책을 가장 많이 펴낸 곳은 장강 하류에 있는 도시들이었어. 이곳은 오래전부터 상업과 교통이 발달해서 드나드는 사람이 무척 많았어. 그러다 보니 책이 필요한 사람도 많아졌고 책을

청나라 최대의 도시, 소주
소주는 청나라 때 장강 유역에서 가장 발달한 도시였어. 특히 수로가 발달해서 물길을 교통수단으로 이용한 교역이 활발하게 이루어졌단다.

만드는 사람들도 늘어났던 거야. 명나라와 청나라의 상업을 이끈 휘주 상인들도 책 만드는 일을 많이 했다는구나.

책의 종류도 다양했어. 학자들의 학문 연구에 필요한 경전과 해설서도 있었고, 천문, 지리, 농업, 상업 등 일상생활에 필요한 지식을 담은 책도 있었어. 또 소설이나 희곡 같은 문학 작품들도 넘쳐났지. 심지어는 과거를 보는 사람들을 위한 수험서도 있었다는구나. 요즘 학생들이 보는 참고서처럼 말이야.

이렇게 책이 늘어나니까 책을 사고파는 서점 거리도 생겨났어. 그중에 가장 알려진 곳이 북경에 있는 '유리창'이야. 원래 유리창은 유리 기와와 벽돌을 만드는 공장 지대였어. 공장을 중국어로 '창'이라 하기 때문에 '유리창'이라고 했어. 그러다 청나라 초, 유리창에 상업이 발달하면서 책과 그림을 파는 가게들이 들어섰고, 점차 청나라 책 시장의 중심지가 되었어.

특히 유리창에는 장강 하류의 도시에서 대운하를 타고 올라온 책들이 많았어. 아마 《사고전서》를 만들던 사람들은 유리창에서 필요한 책들을 많이 구했을 거야.

유리창은 청나라 사람들에게만 인기 있는 서점 거리가 아니었

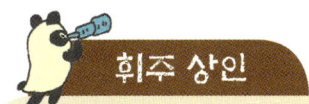

휘주 상인

휘주 상인은 명나라와 청나라 때 상업을 주름잡았던 규모가 큰 상인 집단을 말해. 휘주는 원래 토지가 척박하고 주위가 산으로 막혀 있어 농사를 지어서는 먹고살기가 힘든 곳이었어. 그래서 휘주 사람들은 다른 지역을 오가며 장사를 해서 먹고살 수밖에 없었어.

휘주 사람들은 장강 중류 지역에서 면화와 쌀을 사서 장강 하류에 가서 팔고, 장강 하류의 수공업품을 사서 다른 지역에 팔았어. 이렇게 해서 엄청난 돈을 거머쥐게 되었지.

휘주 상인은 다른 큰 상인 집단과 끊임없이 경쟁해야 했어. 그러려면 돈뿐 아니라 권력을 가져야 했지. 권력을 가질 수 있는 가장 좋은 방법은 무엇이었을까? 자식들이 과거에 합격해서 관리가 되는 거였어. 명나라 때는 휘주 출신 과거 합격자가 많았대.

휘주 상인은 명나라 때 생겨나서 청나라가 망할 때까지 500년 동안 활동했어. 그들이 교역을 한 건 이익을 얻기 위해서였어. 하지만 휘주 상인이 활동한 덕분에 여러 지역의 물자들이 더욱 활발하게 오갈 수 있었고, 경제가 크게 발달할 수 있었단다.

오늘날의 유리창 거리
지금도 북경 유리창은 여행객들이 빼놓지 않고 들르는 관광 명소야. 유리창에 가면 오래된 책이나 그림, 도자기들을 살 수 있단다. 우리나라 서울의 인사동 골목과 비슷해.

어. 조선, 일본, 류큐 등 외국에서 온 사람들은 반드시 유리창에 들러 자기네 나라에 없는 책을 사 갔어. 류큐는 오늘날 일본의 오키나와야. 예전에는 일본에 속하지 않은 독립된 나라였지. 이렇게 다른 나라 사람들이 사 간 책이 많다보니, 귀중한 책들 가운데 오늘날 중국에는 남아 있지 않고 오히려 우리나라와 일본에 남아 있는 것도 적지 않아.

조선의 유명한 실학자 홍대용도 유리창에 간 적이 있대. 홍대용이 쓴 책에 이런 기록이 있어.

"어떤 서점에 가 보았더니 책이 수만 권이나 있었다. 책 제목만 모두 살펴보는 것으로도 눈이 어질어질해질 정도였다."

이웃 나라에서 온 사람들은 유리창에서 책을 사다가 우연히 만난 청나라 학자들과 자연스럽게 토론을 하기도 했지. 그러다가 친구가 되는 경우도 많았어. 홍대용도 마찬가지였어. 조선으로 돌아간 뒤에도 청나라에서 사귄 친구들과 편지를 주고받기도 하고 책을 구해 달라는 부탁도 했다는구나.

홍대용은 유리창에서 청나라의 책은 물론이고 서양에서 건너온 책들도 구해서 조선에 가져왔어. 특히 홍대용이 만났던 청나라 친구의 후예들은 박지원, 김정희와 같은 조선의 학자들과 우정을 쌓고 학문을 이야기했다고 해. 북경의 유리창은 조선과 청나라가 문화를 주고받을 수 있도록 다리 역할을 했던 거야.

중국은 3000년 넘게 학문과 사상을 발전시켜 온 나라야. 하지만 많은 사람들이 그걸 함께 나눌 수 있었던 건 불과 수백년 전부터의 일이야. 명나라 말부터 책이 많이 만들어지면서 쉽게 접할 수 있게 된 거야. 그리고 청나라 때가 되어 많은 사람들이 책을 통해 지식을 교류하게 되면서 중국의 학문과 사상은 더욱 깊고 다양하게 발전할 수 있었단다.

베스트셀러 소설 《삼국지연의》

《삼국지》는 명나라 때 나관중이 쓴 소설이야. 유비, 관우, 장비, 조조 같은 수많은 영웅들이 등장해서 지혜와 용기를 겨루는 이야기들이 무척 재미있단다. 이미 읽어 본 친구도 많을 거야.

그런데 《삼국지》는 원래 중국의 삼국 시대가 끝난 후 등장한 진晉나라의 진수라는 사람이 썼어. 사마천의 《사기》처럼 본기, 열전, 지리지, 연표 등으로 구성되는 역사책이라고 생각하면 돼. 그런데 이야기꾼들이 이 책의 내용을 재미있게 만들어서 사람들에게 퍼뜨리기 시작했어. 송나라와 원나라 때는 연극으로도 무대에 올려졌다는구나.

나관중은 1000년이 넘는 시간 동안 만들어진 이야기들을 모아서 《삼국지》로 엮은 거야. 그러니까 《삼국지》는 나관중 한 사람이 쓴 작품이 아니라 여러 사람이 함께 참여한 공동 작품인 셈이지.

아직 하지 않은 이야기가 하나 더 있어. 사실 나관중이 쓴 책의 정확한 제목은 《삼국지연의》야. 여기에서 '연의'는 역사적 사실을 재미있고 알기 쉽게 쓴 책을 말해. 그러니까 《삼국지연의》를 '삼국지'라고 하는 건 잘못된 거야. 정확하게 말하면 진수가 쓴 《삼국지》와 구분해서 《삼국지연의》라고 해야 맞아.

《삼국지연의》는 지금도 그렇지만, 명나라와 청나라 때에도 최고의 베스트셀러였어. 그때에 나온 종류만 해도 100가지가 넘었다고 해. 그랬으니 출판사들끼리 경쟁도 무척 치열했겠지? 어떤 출판사는 더 많은 독자들을 차지하려고 책에 재미있는 그림을 그려 넣어서 팔기도 했다는구나.

| 아편 전쟁에서 영국의 공격에 부서지는 청나라의 배

• 청나라 •

세계를 향해
문을 열다

13

신석기 시대 기원전 8000년경
신석기 문명이 탄생함

은나라 기원전 1600년경
문자와 청동기를 사용하기 시작함

춘추 전국 시대 기원전 551년
공자가 태어남

진나라 기원전 221년
진시황제가 중국을 통일함

한나라 기원전 139년
장건이 원정을 떠남

위진 남북조 시대 317년
호족이 중국의 북쪽을, 한족이 남쪽을 차지함

수나라 610년
대운하를 완성함

당나라 618~900년경
장안이 세계적인 도시가 됨

송나라 1141년
악비가 감옥에 갇혀 처형됨

원나라 1279년
쿠빌라이 칸이 중국 전체를 지배함

명나라 1405년
정화가 대항해를 시작함

청나라 1782년
《사고전서》를 완성함

청나라 1840년
아편 전쟁이 일어남

청나라 1872년
중국 어린이들이 미국 유학을 떠남

중화민국 1912년
아시아 최초의 공화국이 탄생함

중화 인민 공화국 1949년
중국이 사회주의 국가가 됨

명나라 때 정화는 일곱 번이나 대항해를 하면서 명나라의 기세를 세계에 떨쳤어. 하지만 정화가 죽자 더 이상 그 항해를 이을 후계자가 나타나지 않았고, 항해를 떠날 필요성도 느끼지 않게 된 명나라는 바다로 향하는 문을 걸어 닫았어.

그러고 나서 50여 년이 지난 무렵, 지구 반대편에 있는 유럽의 여러 나라가 바다로 진출하기 시작했어. 스페인은 서쪽으로 항해해서 아메리카에 도착했고, 포르투갈은 동쪽으로 항해해서 아프리카 희망봉을 돌아 인도로 가는 항로를 열었어. 아메리카 대륙에 간 사람은 콜럼버스이고, 아시아로 가는 항로를 개척한 사람은 바스코 다 가마야.

바스코 다 가마는 인도에 머물며 명나라 상인들을 만났고, 그들의 안내를 받아 명나라의 남쪽 해안에 도착했어. 바스코 다 가마의 뒤를 이어 유럽 여러 나라의 상인들이 명나라를 비롯한 아시아의 나라들과 무역을 하기 위해 아시아 항로로 몰려들기 시작했지.

중국으로 가는 유럽 사람들

정화의 항해 이야기를 할 때 '해금'에 대해 말했던 거 기억나지? 해금은 바다에 드나드는 걸 금지하는 거야. 유럽 상인들이 몰려올 무렵 명나라는 해금 정책을 실시하고 있었어. 유럽 상인들은 몰래 명나라 상인들과 교역을 했어. 이걸 '밀무역'이라고 해.

명나라가 멸망한 뒤에 등장한 청나라도 이전 그대로 해금 정책을 계속 실시했어. 하지만 유럽 상인들의 밀무역을 도저히 막을 수 없었단다.

이렇게 법이 잘 지켜지지 않을 땐 두 가지 방법이 있어. 아예 하지 못하게 더 엄격하게 막거나, 아니면 법에 어긋나지 않고 무역할 수 있는 길을 조금 열어 주는 거야. 청나라는 나중의 방법을 택했어. 1757년 남쪽의 광주라는 도시를 개방하고 이곳에서 교역하는 것만 허락했어.

하지만 유럽 상인들의 활동은 엄격히 제한받았어. 몇몇 청나라 상인에게만 유럽 상인과 교역할 수 있는 권리를 주었는데 그런 권리를 가진 상인을 '공행'이라고 해. 유럽 상인들은 일반 청

공행이었던 상인
공행으로 활동한 오병감이라는 상인이야. 공행은 모두 13개의 무리가 있었는데, 오병감은 이들의 총대표자 역할을 맡기도 했어.

나라 상인들과는 직접 거래를 할 수 없었고, 언제나 공행을 통해서 해야 했어.

그뿐이 아니야. 청나라는 광주에 외국 상인이 사는 '상관'이라는 지역을 만들었어. 아래 그림은 상관의 모습을 담은 거야. 2층 집들이 쭉 늘어서 있고 건물들 앞에는 여러 나라 국기가 걸려 있구나. 그 앞의 강에는 배들이 둥둥 떠 있지?

외국 상인들은 상관에만 머물러야 했고, 밖으로는 마음대로 나갈 수 없었어. 무기를 가져서도 안 되고, 청나라 사람을 심부름꾼으로 고용할 수도 없었지.

상관에 머물 수 있는 기간도 정해져 있었대. 매년 5월부터 10월까지만 머물 수 있었고 그 기간을 어기면 쫓아냈어. 또 청나라에게 하고 싶은 말이 있어도 공행을 통해야만 했어. 이렇다 보니,

公行
공무 공 행할 행

商館
장사 상 집 관

광주의 외국 상관
여러 나라에서 온 상인들이 머물던 상관이야. 서양식 건물 앞에는 넓은 광장이 있고 그 앞으로 주강이라는 강이 흐르고 있어. 주강을 따라 남쪽으로 가면 바다로 이어졌지.

유럽 상인들은 당연히 불만이 많았겠지?

청나라는 왜 이렇게 유럽 상인들이 자유롭게 장사하는 걸 싫어했을까? 그건 교역에 대한 필요를 크게 느끼지 못해서야. 중국을 '지대물박'의 나라라고 했잖아. 땅도 넓고 물자도 풍부하다 보니 굳이 외국 상품이 필요했겠어?

게다가 그때까지만 해도 중국 사람들 대부분은 유럽 사람들을 무시했어. 문화 수준이 낮은 야만인이라고 여겼지. 어떤 청나라 사람은 이런 말을 했다는구나.

"코는 지나치게 크고 피부는 죽은 사람처럼 창백하고 기이한 눈동자 색깔에 몸에는 이상한 냄새가 나는 족속이다."

청나라의 서양식 도자기
이 도자기는 청나라에서 만든 거야. 도자기 가운데에 보면 장식 무늬가 있는데, 서양 예술품에서 자주 볼 수 있는 거야. 왜 그럴까? 청나라에서 만들어 수출할 때 서양 사람들의 취향을 고려했기 때문일 거야.

아편 문제가 발생하다

청나라에 가장 불만이 많은 나라는 영국이었어. 산업혁명에 대해 들어 봤어? 산업혁명은 쉽게 말하면, 기계가 만들어져서 전보다 훨씬 많은 물건을 만들어 낼 수 있게 된 걸 말해. 일일이 손으로 만들 때보다 생산량이 훨씬 많아졌지. 그래서 산업의 '혁명'이라고 하는 거야.

영국은 기계를 사용해서 면직물이나 철 제품 등을 아주 많이 만들었어. 얼마나 많이 만들었는지, 자기네 나라 사람들에게 모두 팔고도 상품이 남아돌 정도였대. 영국은 상품이 남아돌자 외국에 팔기로 했어. 지금도 그렇지만 그때에도 세계에서 인구가 가장 많은 나라는 중국이었어. 그래서 청나라를 가장 큰 시장으로 삼아서 상품을 팔려고 했어.

하지만 청나라에 상품을 파는 건 쉽지가 않았어. 청나라와 교역을 하려면 아까 말한 광주를 거쳐야 했는데, 광주는 통제가 너무 심해서 물건을 많이 팔 수 없었거든. 게다가 영국 사람들은 청나라에서 수입된 차를 무척 좋아했어. 수출은 잘 안 되는데 오히려 청나라의 차 수입이 계속 늘어나는 바람에 영국의 손해는 커졌어.

영국은 이 문제를 어떻게 해결하려 했을까? 그때 인도는 영국의 식민지였어. 영국은 인도에서 아편을 재배했어. 아편이 뭔지 알아? 마약의 일종인데, 중독성이 무척 강해 목숨을 빼앗을 수도 있는 독약과 같아.

영국은 아편을 청나라에 팔기 시작했어. 청나라 사람들은 아편을 피우기 시작했고 빠르게 중독되어 갔어. 많은 사람들이 아편을 사들였고, 영국은 점점 더 많은 돈을 벌어들였어.

그러자 이번에는 청나라가 고민에 빠졌어. 많은 돈이 나라 밖으로 빠져나가서 경

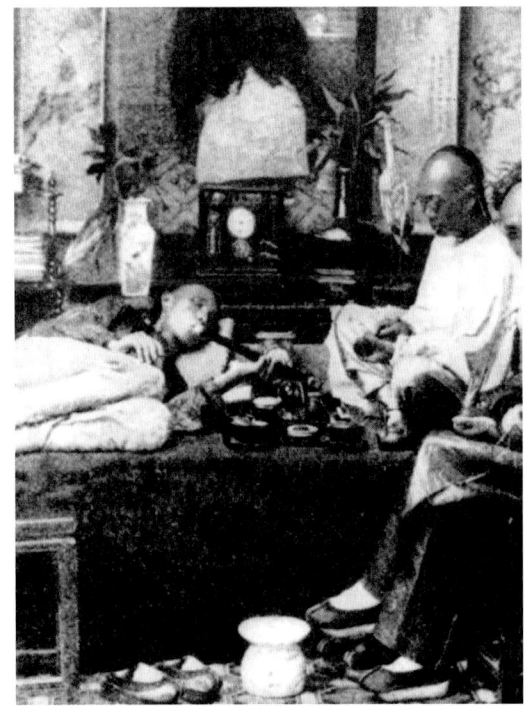

아편을 피우는 청나라 사람들
청나라에는 '연관'이라는 아편을 피울 수 있는 곳이 많았어. 한 사람이 침대에 누워 아편을 피우고 있고 그 옆에서 시중을 들고 있는 모습이야.

세계를 향해 문을 열다 | 169

제가 나빠졌거든. 그뿐이 아니야. 많은 사람들이 아편에 중독되어 건강이 나빠지자 사회가 몹시 불안해졌어.

이렇게 되자 청나라 황제는 아편이 청나라 땅에 들어오는 걸 막아야 한다고 생각했어. 그래서 임칙서라는 사람을 감독관으로 뽑았어. 임칙서는 황제의 명을 받아 아편 무역의 중심지 광주로 향했단다. 1838년의 일이었지.

임칙서, 아편을 단속하다

임칙서는 광주로 내려가자마자, 아편을 단속하기 시작했어. 아편이 건강에 얼마나 나쁜지를 백성들에게 일깨워 주고, 두 달의 시간을 주고는 아편을 모두 내놓으라고 명령했어. 그리고 사람들을 다섯 명씩 짝지우고, 그 가운데 한 사람이라도 아편을 피우다가 걸리면 다섯 명 모두 처벌하기로 했어. 아편을 피우지 못하게 서로 감시하게 한 조치였지.

이 정도로 아편을 막을 수 있었을까? 아편은 중독성이 무척 강해서 끊기 어려웠어. 백성들을 아무리 단속해도 영국 상인들이 아편을 계속 퍼뜨리는 한 아편의 유혹에서 벗어나기가 쉽지 않았어. 결국 임칙서는 영국 상인들에게 가지고 있는 아편을 모두 내놓으라고 했어.

영국의 아편 무역상인 엘리어트는 그럴 수 없다며 버텼어. 임

임칙서
아편 단속에 힘쓰고 영국군에 대항한 임칙서의 초상화야. 지금까지도 중국 사람들에게 나라를 위기에서 구한 인물로 존경받고 있어.

칙서는 당장 아편을 내놓지 않으면 상관에 공급하는 음식을 모두 끊겠다고 선언했어. 열흘 뒤, 엘리어트는 결국 고집을 꺾고 아편 140킬로그램을 모두 내놓았어. 그러자 임칙서는 깊이 2미터, 둘레 40미터가 넘는 구덩이 세 개를 파고 500명을 동원해서 아편들을 모두 파묻어 버렸다는구나.

그런데 그 무렵 살인 사건이 일어났어. 영국 병사가 술에 취해 행패를 부리다가 청나라 사람 한 명을 죽이고 말았지. 엘리어트는 그 병사를 청나라 사람들의 손에 넘겨주지 않았어. 그랬다간 그 병사가 맞아 죽을 게 뻔했거든. 엘리어트는 법관 행세를 하며 범인에게 벌금과 6개월 징역형을 내리고는 사건을 마무리해 버렸어.

그러자 화가 난 임칙서는 영국 사람들을 광주에서 모두 추방

하라는 명령을 내리고 청나라 황제에게 보고했어.

"영국 오랑캐가 달아났습니다. 아편도 모두 사라졌습니다."

황제는 크게 기뻐하며 앞으로는 영국과 영원히 무역을 하지 말라고 명령했지.

영국은 처음에는 엘리어트를 비롯한 영국 상인들을 비난했어. 아편을 팔아 청나라 사람들을 죽음으로 내몰고 이익을 챙기는 건 도덕에 어긋나는 행동이라고 생각했던 거지. 하지만 청나라 황제가 무역을 영원히 끊으라는 명령을 내렸다는 소식이 들려오자, 이번에는 가만히 있지 않았어.

서양과 벌인 최초의 전쟁

1840년 영국은 청나라에 전쟁을 선포했고, 그해 6월 영국 함대는 광주로 진격했어. 540개의 대포와 4척의 무장 증기선, 28척의 수송선, 병사 4000명이 포함된 대규모 부대를 이끌고서 말이야. 이 전쟁을 '1차 아편 전쟁'이라고 해.

영국은 앞선 군사력으로 청나라의 남쪽과 동쪽 해안을 누비며 도시들을 공격했어. 장강 하류의 도시들을 점령했고, 심지어는 청나라의 수도 북경 근처에 있는 천진도 공격했어.

청나라도 가만히 당하고만 있지 않았어. 임칙서는 광주에 머무는 동안 서양의 기술과 문물에 대해 많이 공부했고, 영국군의 침략에 대비해서 배도 만들고 무기도 갖추었지. 청나라 백성들도 직접 나서서 영국군에 맞서 싸웠어. 하지만 영국군을 이기기엔 너무나 힘이 부족했어. 영국은 자기네 나라보다 50배나 넓고 인구가 4억이나 되는 방대한 대륙 청나라를 마음껏 누비고 다녔어.

결국 청나라는 1차 아편 전쟁에서 졌고, 1842년 남경에서 영국과 조약을 맺게 돼. 이걸 '남경 조약'이라고 해. 그동안 광주 한 곳에서만 교역하느라 갑갑했던 영국은 청나라 동남쪽 항구 다섯 곳을 개항하라고 요구하고 외국 상인들의 숨통을 조였던 공행도 없애 버렸어. 그리고 이때 청나라는 홍콩을 영국에 넘겨주게 되었지. 영국이 청나라와 조약을 맺자, 다른 나라들도 하나 둘씩 청나라와 비슷한 내용으로 조약을 맺었어.

청나라는 1차 아편 전쟁이 끝난 뒤 그동안 꼭꼭 닫아걸었던

남경 조약
1842년 1차 아편 전쟁이 끝나자, 같은 해 8월 29일 영국 선박에서 남경 조약을 맺었어. 둥근 탁자에 앉아 있는 네 사람 가운데 맨 왼쪽이 중국 대표, 맨 오른쪽이 영국 대표야.

세계를 향해 문을 열다 | 173

청나라 군대를 압도한 영국 증기선

잠깐, 아편 전쟁 때 영국군의 힘이 어느 정도였는지 살펴볼까? 영국의 군함은 증기선이었어. 석탄을 태워 만들어 낸 증기의 힘으로 증기기관을 움직여 나아가는 배야. 그러니까 돛을 이용하거나 노를 젓는 청나라의 배보다 훨씬 속도가 빨랐겠지?

게다가 영국의 증기선은 바다에 떠 있을 때 바닥이 1.5미터 정도밖에 잠기지 않았어. 그래서 얕은 해안이나 강에서도 움직일 수 있었어. 영국군이 짧은 시간에 청나라의 해안을 휘젓고 장강을 따라 이동할 수 있었던 것도 그런 까닭 때문이야.

앞에서 정화의 함대와 서양의 함대를 비교한 적 있었지? 그때만 해도 명나라 배의 크기와 위력이 대단했는데, 400여 년이 흐른 뒤에는 왜 기술 수준이 뒤바뀌었을까? 중국은 명나라 때부터 해금 정책을 실시해서 바다를 멀리했어. 하지만 서양은 그 사이에 증기선도 만들고 항해술도 더욱 발전시켰던 거지.

홍콩 항구에 정박한 증기선
남경 조약을 맺을 때 홍콩 항구의 모습이야. 이때 청나라는 영국에 홍콩을 넘겨주었어. 군데군데 떠 있는 증기선들이 보이는구나.

문을 열게 된단다. 그러자 서양 사람들과 물건들, 서양의 제도와 문화가 청나라에 물밀듯 들어오기 시작했지.

계속되는 전쟁

1차 아편 전쟁에서 이긴 영국은 청나라가 개방한 다섯 개의 항구에 자리를 잡고 더욱 활발하게 무역을 하려고 했어. 하지만 수출이 생각대로 되지 않았어. 상품을 많이 팔려면 항구뿐만 아니라 내륙의 도시와 마을까지 길이 잘 닦여 있어야 하잖아. 그런데 물건을 싣고 오갈 수 있는 교통로가 부족했어. 그러다 보니 항구 지역에서만 좀 팔릴 뿐이었어. 게다가 청나라 사람들은 여전히 일상 용품을 직접 만들어 썼어. 반면 영국이 수입하는 청나라 차의 양은 더 늘어났지.

영국은 이대로는 안 되겠다고 생각하고는 청나라에 남경 조약의 내용을 고쳐 교역할 수 있는 범위를 더 넓히자고 요청했어. 이때는 프랑스도 영국 편을 들어서 함께 몰아붙였지. 청나라 조정이 이 핑계 저 핑계 대며 버티자, 영국과 프랑스는 다시 전쟁을 일으켰어. 이 사건을 '2차 아편 전쟁'이라고 해. 이번에도 역시 청나라는 두 나라의 군사력에 맞설 수 없었어. 북경도 큰 공격을 당해서 황제의 정원인 원명원까지 크게 파괴되었단다.

전쟁에서 진 청나라는 1860년 '북경 조약'을 맺게 돼. 북경 조약에 따라 청나라는 열 곳의 항구를 더 개항하기로 했어. 그리고 서양의 외교관이 북경에 건물을 짓고 늘 머물 수 있게 했어. 2차 아편 전쟁으로 청나라는 더욱 큰 상처를 입었어. 특히 북경은 청나라의 수도이고 황제가 머무는 곳이야. 그런 곳에 야만인이라 여겨 온 서양 사람들이 머물게 되었으니, 자존심이 얼마나 상했겠어?

하지만 청나라 사람들은 두 차례의 아편 전쟁을 겪은 후 서양의 군사력이 얼마나 대단한지, 그들의 제도와 문물이 얼마나 우수한지를 깨닫게 되었어. 그래서 개혁 정책을 펴기 시작한단다.

파괴된 황실 정원
2차 아편 전쟁 때 파괴된 북경의 황실 정원 원명원이야. 치욕의 역사를 교훈으로 삼기 위해 파괴된 모습 그대로 두었다는구나.

평등한 나라를 꿈꾼 '태평천국'

광주에 홍수전이라는 사람이 살고 있었는데 어느 날 신기한 꿈을 꾸었어. 턱수염 난 금발의 남자가 자신에게 칼을 주고, '큰형'이라는 다른 남자가 사악한 영혼을 몰아낼 수 있는 방법을 알려 주는 거야.

이런 꿈을 꾸고 나서 6년이 흐른 뒤, 우연히 어느 기독교 선교사에게 받은 《권세양언》이란 책을 펼쳐 보았어. 이 책은 성경에서 좋은 구절을 골라 묶은 책이야. 홍수전은 이 책의 내용과 6년 전에 꾼 꿈을 떠올려 보고는 깜짝 놀랐어. 꿈에서 본 금발의 남자는 하느님이고, '큰형'은 예수였던 거야.

"큰형이 예수니까, 난 예수의 동생이고 하느님의 아들이야!"

홍수전은 하느님을 받드는 새로운 나라를 만들어 가난한 백성을 구해야 한다고 생각했어. 그래서 1851년 '태평천국太平天國'이라는 나라를 세웠어. '지극히(太) 평화로운(平) 하느님(天)의 나라(國)'라는 뜻이야. 그때는 1차 아편 전쟁으로 청나라의 자존심이 무너졌을 뿐 아니라 백성을 다스리는 데도 어려움을 겪고 있었어. 그런 상황에서 태평천국은 청나라 조정에 반대하는 사람들을 끌어모아 점점 세력을 키웠고 어느새 청나라의 남쪽을 거의 다 점령했어.

태평천국은 청나라와는 전혀 다른 새로운 모습을 보여 주었어. 모든 재산을 공동 창고에 보관해서 함께 나누어 썼고, 남녀 차별, 전족, 첩, 아편, 도박 같은 나쁜 관습을 금지했어. 모든 사람에게 토지를 골고루 나누어 주는 제도도 만들었지.

하지만 태평천국은 남경을 차지한 후 주춤하기 시작했어. 남경을 점령하면서 중요한 지도자 몇 사람이 죽었고, 남은 지도자들끼리도 서로 싸우고 죽였거든. 게다가 그들이 만든 제도도 실제로 실행된 것이 거의 없었어. 내용은 훌륭했지만, 현실에서 이루기에는 어려움이 많았거든. 또 1860년 영국, 프랑스 등과 북경 조약을 맺은 청나라 조정은 서양의 군사 지원을 받아 태평천국을 진압했어. 안팎으로 위기에 몰린 태평천국은 1864년 홍수전이 죽자 결국 망하고 말았지.

홍수전의 옥새
태평천국을 세운 홍수전이 사용했던 옥새야. 오른쪽은 옥새에 새겨진 글이란다.

| 미국 유학을 떠나는 첫 번째 중국 어린이들

• 청나라 •

미국으로 떠난
중국 어린이들
14

신석기 시대 기원전 8000년경
신석기 문명이 탄생함

온나라 기원전 1600년경
문자와 청동기를 사용하기 시작함

춘추 전국 시대 기원전 551년
공자가 태어남

진나라 기원전 221년
진시황제가 중국을 통일함

한나라 기원전 139년
장건이 원정을 떠남

위진 남북조 시대 317년
호족이 중국의 북쪽을, 한족이 남쪽을 차지함

수나라 610년
대운하를 완성함

당나라 618~900년경
장안이 세계적인 도시가 됨

송나라 1141년
악비가 감옥에 갇혀 처형됨

원나라 1279년
쿠빌라이 칸이 중국 전체를 지배함

명나라 1405년
정화가 대항해를 시작함

청나라 1782년
《사고전서》를 완성함

청나라 1840년
아편 전쟁이 일어남

청나라 1872년
중국 어린이들이 미국 유학을 떠남

중화민국 1912년
아시아 최초의 공화국이 탄생함

중화 인민 공화국 1949년
중국이 사회주의 국가가 됨

1872년 8월 11일 중국 상해의 항구. 30명의 청나라 남자아이들이 기념사진을 찍기 위해 모였어. 열다섯 살 먹은 아이도 있었지만, 아홉 살밖에 되지 않은 어린아이도 섞여 있었어. 모두 의젓하고 당당하면서도 얼굴에 긴장감이 가득해.

사진 촬영을 마친 아이들은 어느 한 남자가 이끄는 대로 커다란 증기선에 하나 둘씩 올라탔고, 잠시 후 배는 멀고 먼 바다로 나아가기 시작했어. 배가 출발하자, 아이들을 이끈 남자는 바다에서 상해를 바라보며 감격했어.

"내가 17년 동안 간직했던 꿈이 드디어 이루어지는구나!"

그 남자는 누구였을까? 그리고 그와 함께 증기선을 탄 30명의 아이들은 도대체 어디로 가는 걸까?

미국에서 유학한 첫 번째 중국 사람

용굉
중국 최초로 미국 유학을 떠난 사람이자 중국 학생을 최초로 미국에 유학시킨 사람이야. 용굉의 손을 잡고 미국에 가서 공부했던 아이들은 훗날 중국의 발전에 크게 기여했어.

그 남자의 이름은 용굉이야. 중국 최초로 미국에서 유학한 사람이지. 1차 아편 전쟁이 끝나고 5년이 지났을 무렵 용굉은 미국 유학을 떠났어. 서양의 침략으로 위기에 빠진 나라를 구하기 위해서는 선진 문명을 배워야 한다고 생각했기 때문이야.

미국에 도착한 용굉은 우선 대학에 가기 전에 꼭 거쳐야 하는 예비 학교에 입학했어. 하지만 돈을 벌면서 공부를 해야 하는 생활은 쉽지 않았어. 열심히 일을 했지만 먹고 자는 걸 해결하기에도 빠듯했지.

그러던 어느 날 교회에서 일하는 사람이 와서 용굉에게 말했어.

"공부할 수 있도록 장학금을 줄 테니, 대신 졸업하고 나서 선교사가 되겠니?"

용굉은 가난한 유학 생활에 많이 지쳐 있었어.

'그 돈을 받으면 편하게 공부할 수 있을 텐데……'

하지만 곧 마음을 고쳐먹고 이렇게 다짐했어.

'선교도 좋지만, 그게 나라를 구할 수 있는 유일한 방법은 아니야. 지금 장학금을 받으면, 나중에 나라를 위해 자유롭게 일할 수 없을지도 몰라.'

브라운 목사
용굉이 미국에서 유학할 수 있도록 후원한 브라운 목사야. 청나라 학생뿐만 아니라 일본 학생들도 미국에 유학시켰지.

그 무렵 어디선가 희망의 빛이 나타났어. 유학 전부터 용굉을 가르쳤고, 용굉을 미국 유학으로 이끌어 준 브라운 목사가 용굉을 후원할 단체를 찾아 주었던 거야.

후원을 받으며 무사히 예일 대학을 졸업한 용굉은 이렇게 다짐했어.

'나 한 사람으로는 부족해. 그래, 미국 유학 프로그램을 만들자! 그래서 많은 학생들에게 서양 문명을 공부할 기회를 주자. 그들이 돌아와 나라를 위해 일한다면, 청나라는 서양과 어깨를 나란히 할 수 있게 될 거야.'

용굉은 큰 꿈에 부풀어 귀국했어. 그런데 용굉에겐 미국 유학 프로그램을 만들어 갈 힘이 전혀 없었어. 유학은 돈이 많이 드는 일이야. 많은 학생들을 오랜 시간 외국에서 공부시키려면 당연히 돈이 많이 들겠지? 그러려면 나라의 도움을 받아야 하는데, 용굉은 관리도 아니었고 도와줄 사람이 아무도 없었어. 하지만 위기는 곧 기회가 되기도 하는 법. 얼마 후 용굉은 두 명의 관리와 운명처럼 만나게 된단다.

증국번과 이홍장을 만나다

2차 아편 전쟁이 끝난 뒤 청나라는 위기를 극복할 수 있는 방법을 생각하기 시작했어. 그래서 '양무운동'을 펼치게 된단다. 양무운동이란 서양의 선진 제도와 문물을 받아들여서 부강한 나라를 만들기 위해 노력한 근대화 운동을 말해.

洋務運動
바다, 서양 양
힘쓸, 탐구할 무
옮길 운
움직일 동

이홍장
태평천국을 물리치고 양무운동에 앞장선 청나라 관리야. 용굉의 미국 유학 계획을 실현시켜 준 든든한 후원자였어.

양무운동에 가장 앞장선 사람은 증국번과 이홍장이라는 두 명의 관리였어. 두 사람은 태평천국 운동이 일어났을 때 지방에서 백성들을 모아서 군대를 만들었고, 서양의 군대와 힘을 합쳐 태평천국 군대와 싸웠어. 그들은 이때 서양의 우수한 군사 기술을 보고는 깜짝 놀랐어.

"아편 전쟁에서 영국에 진 건 군사력이 뒤떨어졌기 때문이야. 청나라가 부강해지려면 먼저 서양의 우수한 군사 기술을 배워야 해."

증국번과 이홍장은 우선 서양식 공장을 세우기로 했어. 서양 사람에게 기술을 배운 뒤 차츰 청나라 사람이 직접 군사 무기를 만들게 하려는 계획이었지. 그런데 공장을 움직이려면 기계가 필요한데, 청나라에서는 구할 수 없었어. 그래서 서양에서 기계

중국에 세운 철 공장
양무운동 때 청나라는 서양의 기계나 군사 무기를 직접 만들기 위해 공장을 많이 지었어. 사진은 그때 만들어진 제철 공장의 모습이야. 굴뚝에서 연기가 나는 걸 보니, 공장 기계가 열심히 돌아가고 있는 것 같구나.

를 수입하기로 결정했어.

"서양 사정을 잘 알고 영어도 잘하는 사람, 어디 없을까?"

증국번과 이홍장은 중국 최초로 미국에서 유학한 용굉에게 기계 수입 일을 모두 맡겼어. 두 사람과 용굉의 만남은 이렇게 이루어진 거야. 용굉은 미국에서 기계를 수입해서 중국의 선박 기술 발전에 크게 기여했어. 겨우 1년 반 만에 다른 나라의 도움 없이 증기기관을 만들었고, 그 뒤 1년이 지나서는 중국 최초의 증기선을 바다에 띄웠어.

증국번과 이홍장은 큰 공을 세운 용굉에게 물었어.

"양무운동을 더 잘하기 위해서는 무엇을 해야 한다고 생각하느냐?"

용굉은 이 기회를 놓치지 않았어.

"미국에 유학생을 보내야 합니다!"

두 사람은 용굉의 뜻에 흔쾌히 동의하고 청나라 황제에게 상소를 올렸어. 하지만 이를 반대하는 관리들도 적지 않았어.

"지금 주요 도시에 증기선과 총과 대포를 제작하는 공장이 세워져 있고, 북경에는 서양 사람이 직접 가르치는 학교도 있습니다. 나라 밖으로 유학생을 보낼 필요가 없습니다."

그러자 증국번과 이홍장이 이렇게 말했어.

"백 번 듣는 것보다 한 번 보는 것이 낫습니다. 몸으로 직접 깨우쳐야 진짜로 이득이 될 것입니다."

두 사람의 상소는 황제의 마음을 움직였고, 얼마 뒤 허가가 떨어졌어.

조정에서는 미국으로 유학생을 보낼 계획을 좀 더 짜임새 있게 세웠어. 나라 곳곳에서 아홉 살에서 열다섯 살 된 똑똑한 아이들을 뽑아서 1872년부터 해마다 30명씩 4년에 걸쳐 모두 120명을 미국으로 보내기로 했어. 유학생은 15년 동안 미국에 살며 초등, 중등 교육을 받고 군사 학교나 대학을 졸업하고 나서 귀국해야 했지.

새로운 세상에서 새로운 중국을 꿈꾸다

드디어 첫 번째 청나라의 유학생들이 미국 샌프란시스코에 도착

했어. 지금 같으면 비행기로 10시간 정도면 충분히 갈 수 있지만, 그때는 증기선을 타고 바다를 건너야 했기 때문에 한 달 넘게 걸리는 긴 여정이었어.

처음 미국 땅을 밟은 학생들에게 미국은 어떻게 보였을까? 미국에 다녀온 어린 학생이 어른이 되어서 남긴 글이 있어.

"나는 이처럼 높이 솟은 빌딩을 여태껏 본 적이 없었다. 샌프란시스코에는 가스도 있고 수도도 있고 초인종도 있었다. 모든 것이 우리의 호기심을 만족시켜 주었다."

유학생들을 더욱 깜짝 놀라게 한 것은 따로 있었어. 바로 기차였지.

"기차 바퀴가 돌아가자마자 산과 강, 들판이 눈 깜짝할 사이에 스쳐 지나갔다. 갑자기 터널로 들어가니 밤보다 더 컴컴해졌다."

유학생들의 옷차림 변화
전통 옷을 입었던 아이들은 미국으로 건너간 뒤에는 양복을 입었어.

유학생들은 샌프란시스코에서 기차를 타고 동쪽으로 향했어. 7일 동안의 여행 끝에 미국 동부의 뉴잉글랜드라는 지역에 도착했어.

유학생들은 뉴잉글랜드에서 나이나 학력 수준에 따라 초등학교나 중학교에 입학했고, 일정한 시간 동안 공부한 뒤에는 고등학교에 올라갔어. 영어는 물론이고, 미국 학생들이 배우는 정치, 사회, 수학, 과학 과목도 공부했어. 같은 또래의 청나라 아이들이 공자와 맹자의 책을 공부하거나 중국의 역사를 배울 때, 유학생들은 미국 교과서로 서양의 학문을 쌓았던 거야.

하지만 청나라 조정은 유학생들이 미국의 학문에만 빠져서는

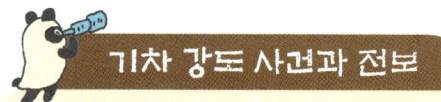

기차 강도 사건과 전보

청나라가 미국에 두 번째 유학생을 파견했을 때의 일이야. 미국 서해안에 도착한 뒤, 유학생들은 기차를 타고 뉴잉글랜드를 향해 동쪽으로 떠났어. 그러던 어느 날, 기차가 거세게 흔들리더니 앞으로 갔다 뒤로 갔다 하는 거야. 객실은 온통 아수라장이 되었고 아이들은 겁에 질렸어. 이때 갑자기 총소리가 땅땅 울렸어. 기차가 강도의 습격을 당했던 거야. 강도 두 사람이 객실로 들어오더니 총으로 아이들을 겨누었어. 선생님은 아이들에게 몸을 수그리라고 했고 아이들은 의자 밑으로 몸을 숨긴 채 벌벌 떨었어.

그러고 나서 30분쯤 지났을까? 다행히 기차 승무원들이 강도들을 몰아냈어. 하지만 그러는 사이에 기관사가 총에 맞아 죽었고, 엔진이 망가졌어. 승무원들은 급히 가까이에 있는 전신소로 달려가 다른 기차 기관사를 보내 달라는 전보를 쳤어. 그렇게 해서 기차는 다시 달릴 수 있게 되었어.

아이들은 이때 전보가 얼마나 중요한 역할을 하는지 절실하게 깨달았지. 이 사건을 겪은 유학생 몇 명은 나중에 귀국해서 중국의 전보 사업에 크게 기여했다는구나.

안 된다고 생각했어. 청나라 국민의 마음가짐으로 외국의 기술을 익혀야만 나라의 미래에 도움이 된다고 생각했기 때문이야. 그래서 유학생들은 틈틈이 청나라 전통 과목도 공부해야 했어.

먹고 자는 건 어디에서 해결했을까? 미국은 유학생들이 영어를 빨리 익히고 따뜻한 보살핌도 받을 수 있도록 미국인 가정에서 지내도록 했어. 처음 간 유학생의 수가 30명이었는데 유학생을 받겠다고 지원한 미국인 가정이 무려 120곳이 넘을 정도였다는구나. 멀고 먼 동쪽 나라에서 건너온 아이들이 신기하기도 하고 귀엽기도 했던 모양이야.

고등학교를 졸업한 유학생들은 대학에 입학했어. 그럼 유학생 모두 다 대학에 들어갔을까? 그렇진 않았어. 남아 있는 자료가 많지 않아 확실한 건 알 수 없지만, 미국에 건너간 120명 가운데 50여 명이 대학에 들어갔다는구나. 들어간 대학도 서로 달랐고, 선택한 전공도 제각각이었어.

드디어 이루어진 용굉의 꿈

1872년 증국번이 죽었지만 이홍장은 양무운동을 이어 나갔어. 그런데 청나라가 미국에 유학생을 보낸 지 10년 가까이 되었을 때 두 나라

동양 아이들이 만든 야구부
야구 동아리의 단체 사진이야. 청나라에서 온 아이들을 포함해서 모두 동양 아이들이야. 미국에 유학을 간 학생들은 공부하느라 바쁜 와중에도 동아리 활동을 즐겼어.

사이에 갈등이 생겼어.

이홍장은 유학생들이 고등학교를 졸업한 후 미국의 군사 학교에 입학해서 공부하길 바랐어. 군사 기술을 배워야 외세에 시달리는 청나라에 더 큰 힘을 보탤 수 있을 테니까 말이야. 하지만 미국은 청나라의 요청을 들어주지 않았어. 대학 입학은 괜찮지만 군사 학교 입학은 안 된다는 거였어. 왜 그랬는지 밝혀지지 않았지만, 아마도 자기네 나라 군사 기술이 외국으로 빠져나갈 것을 염려한 것이 아닐까 해.

유학생들의 생활도 청나라에겐 점점 골칫거리가 되었어. 청나라는 아이들을 유학 보낼 때, 절대로 기독교를 믿어서는 안 된다는 규칙을 정했어. 하지만 기독교를 믿게 된 청나라 유학생이 적지 않았다는구나. 그런데 왜 그런 규칙을 정했을까? 청나라에는 유교, 불교, 도교 같은 동양의 전통 종교들이 자리잡고 있었는데, 유학생들이 귀국해서 서양의 종교를 전파하면 나라가 혼란에 빠질 거라고 생각했기 때문이 아닐까?

그뿐이 아니야. 유학생들 가운데 대학에서 동아리 활동을 하는 사람이 적지 않았어. 청나라는 이런 학생들을 통제하려고 했어. 동아리 활동을 하면서 다양한 경험을 쌓는 것도 공부일 텐데 당시 청나라 조정의 생각은 달랐어. 큰돈 들여서 유학 보내 주었으면 공부만 열심히 해야지, 딴짓을 하면 안 된다고 생각했던 거야.

군사 학교 입학을 두고 미국과 관계가 나빠지고 유학생의 생활도 문제가 되자, 청나라는 모든 유학생들을 귀국시키기로 결정해 버렸어. 이로써 청나라 학생들의 미국 유학은 끝나고 말았던 거야.

청나라로 돌아온 유학생들은 어떻게 되었을까? 우선 유학생들 절반가량이 해군과 관련된 일을 맡게 되었어. 해군 장교가 되기도 했고 증기선이나 무기를 만드는 일을 하기도 했어. 그들 가운데 몇몇은 청나라가 프랑스, 일본과 벌인 전쟁에 나갔다가 목숨을 잃기도 했지.

철도 만드는 일을 한 사람들도 있었어. 첨천우라는 사람이 유명해. 첨천우는 다른 나라의 도움 없이 미국에서 유학을 하며 배우고 익힌 기술로 철도를 만든 최초의 인물이야. 그전까지만 해도 중국에서 만들어진 철도는 모두 서양 사람들이 만든 것이었지.

1912년 청나라가 멸망하고 중화민국이 건국되었어. 중국은 2000년 넘게 황제가 주인인 나라였는데, 국민이 주인인 나라가 세워진 거야. 이런 나라를 '공화국'이라고 해. 중화민국은 아시아에서 최초로 탄생한 공화국이야. 중화민국의 초대 총리는 당소의라는 사람인데, 당소의도 미국 유학을 다녀온 사람이야.

이처럼 미국에서 유학한 사람들은 여러 분야에서 뛰어난 재능을 보여 주며 일했어. 용굉이 품었던 꿈이 실현된 셈이지.

중국 사람이 처음 만든 철도
미국 유학을 다녀온 사람들은 중국의 산업을 발전시키는 데 크게 기여했어. 사진은 중국 사람들의 손으로 직접 만든 철도야. 미국 유학의 성과라고 볼 수 있겠지.

첨천우
'중국 철도의 개척자'야. 미국에 가서 처음 기차를 탔던 그 설렘을 간직하고 있다가 30년 후에 중국 최초로 다른 나라의 힘을 빌리지 않고 철도를 건설했단다.

共和國
함께 공 화합할 화 나라 국

양무운동은 왜 실패했을까?

증국번과 이홍장은 양무운동을 통해서 서양의 군사 기술과 학문을 청나라에 들여오기 위해 무척 노력했어. 하지만 그걸 실제로 청나라의 것으로 만들기는 쉽지 않았어.

청나라 관리들 가운데는 양무운동을 반대하는 사람들이 많았어. 왜인이 대표적인 사람이야. 왜인은 오랑캐를 스승으로 삼는 것은 잘못이라고 주장했어. 아편 전쟁으로 청나라가 위기에 몰렸는데도 왜인은 여전히 청나라가 세계의 중심이고 서양은 오랑캐라는 생각을 떨쳐 버리지 못했던 거야.

그뿐이 아니야. 서양의 학문과 제도를 공부하려고 많은 학교를 세웠는데 이 학교들에 입학하려는 사람이 별로 없었어. 왜냐고? 그때 사람들에게 가장 중요한 건 과거에 합격해서 관리가 되는 거였거든. 과거 시험 공부에만 매달려도 관리가 될까 말까 한데 한가하게 서양 공부를 하겠다고 나서는 사람이 없었던 거지.

가장 큰 문제는 양무운동 안에 숨어 있었어. 양무운동을 주도한 사람들은 한 가지 중요한

사당에서 공부하는 학생들
청나라 학생들이 책상에 앉아 공부하는 모습이야. 옛날의 신들을 모시는 사당을 교실 삼아 공부하기도 했어.

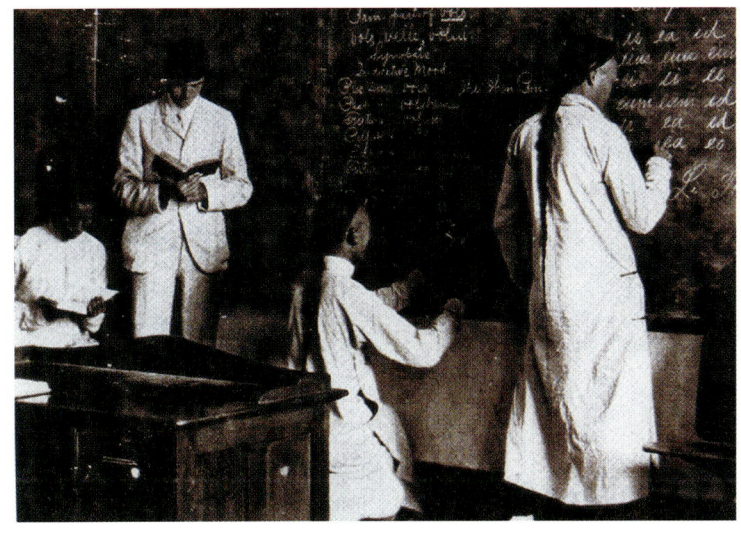

영어를 배우는 학생들
왼쪽에 서양에서 온 선생님이 서 있고, 청나라 학생 둘이서 칠판에 영어를 적고 있어. 청나라 신식 학교 교실에서 영어를 가르치고 배우는 모습이야.

구호를 만들었어. 바로 '중체서용中體西用'이라는 거야. 이건 무슨 말일까? 여기에서 '중中'은 '중국의 학문'을 뜻하고 '체體'는 원래 몸이라는 뜻인데, '기본이나 바탕'이란 의미도 있는 글자야. '서西'는 '서양의 학문'을 뜻하고 '용用'은 '실용, 이용'이란 뜻이야.

자, 그럼 우리말로 번역해 볼까? "중국의 학문을 바탕으로 삼아 서양의 학문을 이용한다." 좀 더 자세히 풀어 보면, 서양의 실용적인 학문과 기술을 받아들이는 건 좋지만, 나라의 전통 제도와 가치는 고치지 말자는 거야.

서양의 힘에 맞설 수 있는 부강한 나라를 만들려면, 낡고 잘못된 가치와 제도는 당연히 뜯어 고쳐야 했어. 하지만 양무운동을 주장한 사람들은 그건 그대로 남겨 두고 서양의 좋은 것만 받아들여야 한다고 생각했어. 옛것을 지키느라 새로운 개혁과 변화가 일어나기 어려울 수밖에 없었지.

1894년 청나라와 일본 사이에 전쟁이 일어났어. 이걸 '청일 전쟁'이라고 해. 청나라가 양무운동으로 꾸준히 서양의 무기를 받아들일 무렵 일본도 서양의 군사 기술과 학문을 받아들이는 등 부국강병을 위해 힘쓰고 있었어. 그러던 두 나라가 조선의 동학 농민 운동 진압에 끼어들면서 대결을 하게 된 거야. 청나라는 이 전쟁에서 양무운동의 결과를 시험해 볼 수 있었지. 그런데 전쟁에서 청나라가 졌고 결국 양무운동은 실패한 것으로 판명되었단다.

| 모택동 사진이 걸려 있는 중국 천안문

• 중화민국 •

새로운 중국의 탄생

15

신석기 시대 기원전 8000년경
신석기 문명이 탄생함

은나라 기원전 1600년경
중국 최초의 국가 은나라가 등장함

춘추 전국 시대 기원전 551년
공자가 태어남

진나라 기원전 221년
진시황이 중국을 통일함

한나라 기원전 139년
장건이 원정을 떠남

위진 남북조 시대 317년
호족이 중국의 북쪽을, 한족이 남쪽을 차지함

수나라 610년
대운하를 완성함

당나라 618-900년경
장안이 세계적인 도시가 됨

송나라 1141년
악비가 감옥에 갇혀 처형됨

원나라 1279년
쿠빌라이 칸이 중국 전체를 지배함

명나라 1405년
정화가 대항해를 시작함

청나라 1782년
사고전서를 완성함

청나라 1840년
아편 전쟁이 일어남

청나라 1872년
중국 어린이들이 미국 유학을 떠남

중화민국 1912년
아시아 최초의 공화국이 탄생함

중화 인민 공화국 1949년
중국이 사회주의 국가가 됨

청나라는 두 차례의 아편 전쟁을 겪으면서부터 서양 여러 나라의 침략을 받기 시작했고, 태평천국 운동 같은 농민 운동들이 끊임없이 일어나 크게 흔들렸어. 이런 위기에서 벗어나려고 양무운동을 펼쳤지만 실패했고 청나라는 끝없이 나락으로 떨어지고 말아. 이 무렵 위기에 빠진 청나라를 구하기 위해 수많은 청나라 청년들이 일어났는데, 모택동도 그중 한 사람이었어.

북경의 자금성 맨 앞에는 우리나라의 광화문과 같은 문이 하나 있어. 바로 천안문이야. 천안문 바로 앞 8차선 도로 건너편에는 넓은 광장이 있어. 천안문 광장이라고 하는데, 그곳에 서서 천안문을 바라보면, 천안문의 아치형 문이 보이고 바로 위에는 어떤 사람의 사진이 걸려 있어.

主席
주인 주 자리 석

그 사진 속 인물이 바로 모택동이야. 중화 인민 공화국(중국)의 첫 번째 주석이자 중국 사람들이 '중국 사회주의 혁명의 아버지'라고 부르는 사람이지. 모택동은 어떻게 혁명을 성공시키고 새로운 나라를 건설할 수 있었을까?

혁명의 길을 선택하다

모택동은 1893년 중국 호남성의 농민 집안에서 태어났어. 그때는 이홍장, 용굉 같은 사람들이 주도하던 양무운동이 좋은 성과를 거두지 못하고 청나라가 더욱 몰락하던 때였지.

모택동이 고등학교에 다닐 무렵 청나라를 무너뜨리기 위한 혁명이 일어났어. 청나라 조정이 여러 개혁을 시도했지만 모두 좋은 성과를 거두지 못하자 국민들이 들고 일어나 청나라를 무너뜨리기 위해 혁명을 일으킨 거야. 1911년 10월에 일어난 이 혁명을 '신해혁명'이라고 해. 이때 모택동도 학교를 박차고 나와 혁명군에 입대했고, 이런 결심을 하게 돼.

"내가 앞장서서 새로운 나라를 만들겠다!"

결국 모택동이 참여한 혁명은 성공했고, 모택동이 스무 살이던 1912년 '중화민국'이 세워졌어. 2000년 넘게 지속된 황제의 나라가 무너지고 국민이 주인이 되는 공화국이 아시아 최초로 탄생한 거야. 그래서 우리 '대한민국'처럼 '민국'을 붙여 '중화민

中華民國
가운데 중 빛날 화
백성 민 나라 국

국'이라고 한 거지.

중화민국을 세우는 데 앞장선 사람은 혁명파의 지도자 손문이야. 손문은 중화민국의 초대 임시 대총통이 되었어. 그런데 막 생겨난 중화민국은 군사력이 무척 약했어. 그러면 나라를 제대로 다스리기 어렵겠지? 손문은 막강한 군사력을 지니고 있는 원세개란 인물과 힘을 합쳤고, 원세개에게 중화민국의 대총통 자리를 주기로 했어.

하지만 원세개는 손문과 다른 생각을 품고 있었어. 중화민국을 멸망시키고 직접 황제가 되고 싶어 했지. 원세개가 일찍 죽는 바람에 중화민국은 계속 유지될 수 있었지만, 원세개가 죽은 뒤 더욱 혼란에 빠졌어. 군사력으로 무장한 '군벌'이란 세력들이 중앙과 지방 정치를 좌지우지했거든. 손문은 이런 세력들에게 쫓겨 남쪽으로 내려가서 광동 지역에서 다시 힘을 모으기로 했어.

혁명의 지도자, 손문
손문이 중화민국의 초대 임시 대총통이 되었을 무렵의 모습이야. 얼마 후 원세개에게 대총통의 자리를 물려주었어.

정식으로 대총통이 된 원세개
왼쪽에서 두 번째 서 있는 사람이 중화민국 초대 정식 대총통 원세개야. 대총통이 되고 나서 외국 사절들과 사진을 찍었어.

새로운 중국의 탄생 | 195

진독수
북경 대학 진독수 교수는 〈신청년〉이라는 잡지를 만들어서 신문화 운동을 이끌었고, 얼마 뒤 중국 공산당 창립에 앞장섰어.

한편 중화민국이 세워지자 청년 모택동은 북경에 올라와 북경대학 도서관 직원이 되었어. 당시 북경대학에는 뛰어난 학자와 인재들이 많이 모여 있었어. 모택동은 그중에서도 북경대학 교수 진독수와 도서관장 이대조를 가장 존경했다는구나.

이 무렵 중국의 북쪽에 있는 러시아에서 혁명이 일어났어. '차르'라는 황제가 다스리던 러시아가 무너지고 사회주의 국가인 소비에트 연방(소련)이 태어났지. 러시아 혁명 소식은 북경대학에도 전해졌어. 도서관장 이대조는 '마르크스주의 연구회'를 만들어서 사회주의를 연구하기 시작했어. 도서관 직원으로 일하던 모택동도 이 연구회에 가입해서 이대조의 영향을 받으며 사회주의자가 된단다.

진독수와 이대조를 중심으로 북경대학 지식인과 대학생들이 낡은 관습과 제도를 무너뜨리기 위해 나섰는데 이걸 '신문화 운동'이라고 해. 신문화 운동은 새로운 중국을 만들기 위한 여러 운동에 많은 영향을 끼치게 되는데 그중 가장 중요한 것이 바로 1919년 일어난 '5·4 운동'이야. 일본이 중국 땅의 일부를 차지하려고 하니까 여기에 반대해서 학생, 노동자, 상인들이 시위를 벌인 사건이지.

그 무렵 모택동은 도서관 일을 그만두고 고향 호남성으로 돌아갔어. 그곳에서 뜻이 맞는 사람들과 함께 잡지를 펴내고 학회

잡지 〈신청년〉 표지
〈신청년〉은 1915년 진독수가 상해에서 펴낸 잡지야. 예전의 잘못된 문화와 관습을 비판하거나 서양의 새로운 사상을 소개하는 글을 많이 실었어.

도 만들어서 정부를 비판하는 활동을 계속했어.

그러던 중 상해에서 놀라운 소식이 날아왔어. 진독수와 이대조가 주도해서 전국 곳곳에 흩어져 있는 사회주의자들을 모아 '중국 공산당(공산당)'을 만들기로 했다는 거였어. 모택동은 생각했어.

"드디어 때가 왔구나!"

1921년 7월 중국 각지의 대표 13명이 상해에 모여 중국 공산당을 만들었어. 모택동은 호남성 대표로 그 자리에 참석했지. 그때 전국의 공산당원이 모두 몇 명이었는지 알아? 50명 정도밖에 안 되었다는구나.

共産黨
한가지 공
낳을 산 무리 당

공산당 창립을 선언한 배
1921년 7월 중국 각지의 대표 13명이 모여 중국 공산당을 만들었어. 처음엔 프랑스 사람들이 사는 마을의 한 건물에서 모였는데, 감시가 심해져서 근처 호수의 배로 옮겨서 회의를 계속했대. 사진은 그때 그 배의 모습이야.

몸보다 정신을 먼저 치료해야 한다

"강철로 만들어진 방이 있다. 창문도 없고, 절대 부술 수도 없는 방이다. 사람들이 그 방에서 깊은 잠을 자고 있다. 하지만 혼수상태에 빠져 있어서 죽음이 가까이 다가오는데도 고통을 느끼지 못한다."

이 말은 20세기 중국의 문학가 노신이 한 말이야. 여기에서 '강철로 만든 방'은 무엇이고 '깊은 잠에 빠져 있는 사람들'은 누구를 가리키는 걸까?

의사의 꿈을 키웠던 노신은 의학을 공부하려고 일본에 유학을 갔어. 그러던 어느 날 일본 정부가 만든 홍보 영화를 보게 되었어. 러시아와 일본의 전쟁을 다룬 영화였는데, 화면에 밧줄로 꽁꽁 묶인 한 사람이 나타났어. 이 사람은 러시아를 위해 간첩 활동을 한 중국 사람이었고, 일본군에게 처형을 당했어.

이 장면을 본 노신은 큰 충격을 받았어. 처형당하는 중국 사람 때문이 아니었어. 영화 속에서 그 중국 사람이 처형되는 걸 보려고 수많은 중국 사람들이 모여 있었는데, 그들은 자기 동포가 일본군의 칼에 베어 죽는 장면을 보고도 슬퍼하지 않고, 아무렇지도 않게 쳐다만 보았단다.

그때 노신은 크게 깨달았어.

"중국 사람의 몸보다 중국 사람의 정신을 먼저 치료해야 해."

이때부터 노신은 의학 공부를 그만두고 문학가의 길을 걷기 시작했어. 노신은 《아Q정전》, 《광인일기》 등 수많은 소설을 써서 낡은 관습과 도덕이 중국 사람들을 얼마나 고통스럽게 하고 있는지를 고발했어. 노신은 '강철로 만든 방'(암흑 같은 중국)을 두드려 '깊은 잠에 빠져 있는 사람들'(중국 사람)을 깨우기 위해 노력한 중국의 위대한 문학가로 평가받고 있어.

노신
20세기 중국 최고의 문학가이자 사상가야. 노신은 수많은 문학 작품을 써서 중국 사람들의 생각을 일깨워 주었어.

계속되는 시련

한편, 광동 지역에 내려가서 힘을 기르던 손문은 예전의 혁명파 사람들을 모아 '중국 국민당'을 만들었어. 그리고 북경의 무능한 중앙 정부와 각 지방 군벌들에게 맞서기 위해 광주에 군사 정부를 세웠어.

이 무렵 소련이 손문의 군사 정부에 돈과 군사를 지원해 주겠다고 제안했어. 대신 한 가지 조건을 내세웠지. 중국 공산당과 협력을 하라는 것이었어. 손문은 소련의 제안을 받아들였어. 국민당과 공산당은 이념이 전혀 다른 정당이었지만 분열된 중화민국을 하나로 만들기 위해서는 우선 힘을 모으는 것이 필요하다고 생각했던 거지. 그렇게 해서 '국공 합작'이 이루어졌어. '중국 국민당과 중국 공산당이 힘을 합쳤다'는 뜻이야.

國共合作
나라 국 한가지 공
합할 합 지을 작

손문이 세운 군사 학교
국공 합작이 이루어지자마자 손문이 광주에 세운 군사 학교야. 학교 정문 위에 '육군 군관 학교'라고 쓴 간판이 붙어 있구나. 보통 '황포 군관 학교'라고 불러.

새로운 중국의 탄생 | 199

장개석(왼쪽)과 북벌 선언(오른쪽)
손문의 후계자로 국민당의 대표가 된 장개석은 북경을 점령하고 중국을 통일했어. 오른쪽 사진은 장개석이 군사들을 모아 놓고 북벌을 선언하는 모습이야.

　이때부터 손문의 국민당은 공산당과 힘을 합쳐 중국을 통일하기 위한 준비를 시작했어. 군사 학교를 만들어 장교를 양성하고 군사력을 키워 나갔어. 그런데 혁명을 주도하던 손문이 1925년에 죽고 말았어. 그러자 장개석이란 인물이 손문의 후계자가 된단다.

　1926년 7월 국민당의 장개석은 공산당과 함께 북경의 중앙 정부와 군벌들을 향해 전쟁을 선포하고 북쪽으로 나아가기 시작했어. 이걸 역사책에서는 '북벌'이라고 해. 북벌은 순조롭게 이루어졌고 1928년에 북경을 점령하고 중국을 통일했어.

　하지만 북벌이 한창 진행되고 있을 때 국민당은 자기네 힘만으로도 충분히 북벌을 완수할 수 있겠다고 판단해서 공산당을

北伐
북쪽 북 정벌할 벌

배신했어. 이제 더 이상 공산당의 도움이 필요 없어지자 장개석이 이끄는 국민당은 큰 도시에서 활동하는 공산당원들을 잡아들이거나 죽였고, 공산당은 농촌으로 쫓겨났어. 이로써 국공 합작이 깨진 거야.

그러자 모택동은 이런 생각을 하게 되었어.

'도시에서는 혁명을 하기 어려워. 농촌으로 가야 해.'

모택동은 왜 이런 생각을 하게 되었을까? 당시 중국 사람들 대부분이 농민이었기 때문에 농민 중심으로 혁명을 해야 한다고 생각한 거지.

공산당원 대부분은 반대했지만, 모택동은 뜻이 맞는 동료들과 함께 강서성의 정강산이라는 험한 산으로 들어갔어. 그곳에서 모택동은 우선 큰 지주들의 땅을 빼앗아 농민들에게 나누어 주었어. 그러자 농민들은 모택동을 따르게 되었고, 공산당이 다스리는 영토도 점점 넓어졌어.

농민들의 마음을 연 모택동은 혁명을 이끌어 갈 군대를 만들었어. 이걸 '홍군紅軍'이라고 해. 사회주의를 나타낼 때 보통 붉은색을 사용하지. 그래서 '붉은 군대'라는 뜻으로 '홍군'이라고 부른 거야.

공산당은 홍군이 지켜야 할 규칙을 만들었어. 우선 세 가지 꼭 지켜야 할 것이 있었어. 첫째, 모든 행동은 반드시 지휘에 따른다. 둘째, 농민들로부터 바늘 하나 실오라기 하나도 얻지 않는다.

셋째, 지주에게서 빼앗은 건 반드시 모두의 것으로 한다.

그리고 여덟 가지 주의사항도 만들었어.

"물건을 사고팔 때는 공정하게 할 것. 말씨는 온화하게 할 것. 부녀자를 희롱하지 말 것. 농작물에 피해를 주지 말 것. 빌린 것은 반드시 돌려줄 것. 부순 것은 꼭 갚아 줄 것. 아무 곳에서나 대소변을 보지 말 것. 포로의 지갑에 손대지 말 것."

공산당은 이런 규칙으로 농민들의 마음을 사로잡았어. 그러자 다른 공산당원들도 하나 둘씩 농촌으로 모여들고 홍군의 수도 늘어났어. 그래서 '중화 소비에트 공화국'이란 걸 만들었어. 공산당이 만든 나라였지. 지도를 한번 봐. 공산당이 차지한 땅을 주황색으로 표시한 거야. 꽤 많이 찍혀 있지? 이처럼 공산당을 지지하는 사람들이 늘어났단다.

국민당의 장개석은 공산당 세력이 커지는 걸 더 이상 지켜보고 있을 수 없었어. 그래서 군사를 모아서 중화 소비에트 공화국을 공격하기 시작했어. 처음 네 번까지는 공산당이 잘 막았지만 다섯 번째 공격은 달랐어. 장개석이 공산당 지역에 식량과 물자가 들어가지 못하게 막고, 군사 50만 명과 비행기 200대를 이끌고 총공격했거든.

이제, 공산당의 선택은 하나밖에 없었어. 국민당 군대를 피해 멀리 달아나는 길밖에.

혁명을 향한 마지막 발걸음

공산당은 국민당을 피해 서쪽으로 도망가기 시작했어. 지도를

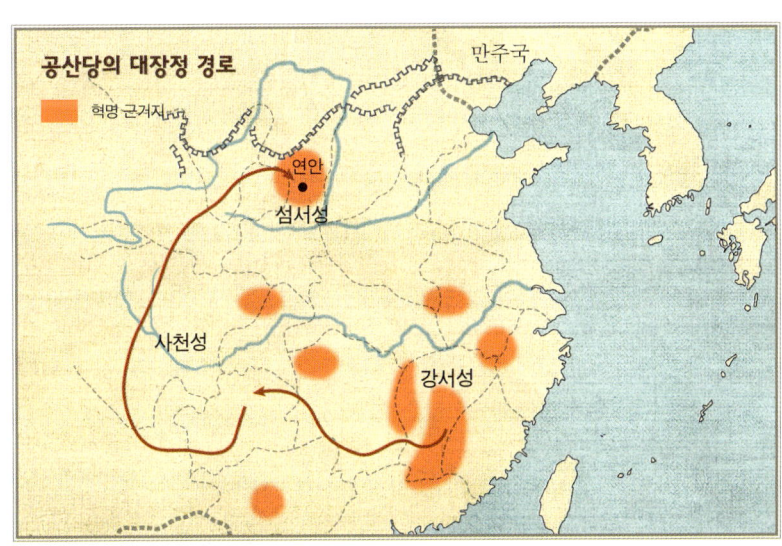

大長征
큰 대 길 장 칠 정

대설산을 넘는 공산당군
공산당은 대장정을 할 때 일 년 내내 눈이 녹지 않는 산을 다섯 개나 넘었다는구나. 사진은 대설산을 넘고 있는 공산당군의 모습이야.

다시 볼까? 화살표는 공산당이 움직인 경로를 나타낸 거야. 공산당은 강서성에서 출발해서 중국의 남부 지방을 따라갔어. 그리고 사천성쯤에서 북쪽으로 방향을 바꾸어 계속 걸었고, 출발한 지 1년 만에 섬서성 북쪽의 연안이라는 곳에 겨우 도착할 수 있었어. 이 행군을 역사책에서는 '대장정'이라고 해. 공산당이 지나간 거리는 1만 2000킬로미터가 넘었다는구나. 서울에서 부산까지 거리가 약 450킬로미터니까, 서울과 부산을 열세 번 왕복한 거리와 비슷해. 이 먼 거리를 걸어서 간 거야.

이 경로는 자연 조건도 무척 나빴어. 공산당은 대장정을 하는 동안 18개의 산맥을 넘고 24개의 강을 건넜다고 해. 그들이 넘은 산 중 다섯 개는 일 년 내내 눈이 녹지 않는 산이었고, 한 번 빠지면 벗어날 수 없는 늪지대도 있었어. 걸어가면서 국민당 군대와 전투도 했어. 하루에 한 번 꼴로 크고 작은 전투가 벌어졌지. 하늘에선 날마다 수십 대의 비행기가 폭격을 했고, 땅에서는 수십만 대군이 포위하고 공격했어.

오른쪽 사진을 봐. 여긴 '대도하'라는 강이고, 다리가 걸려 있어. 철줄이 강 건너편까지 길게 이어져 있고 그 위에 나무 판들이 얹혀 있구나. 이 다리 길이가 91미터래. 보기만 해도 아찔한데 강 건너편에서 국민당이 총을 쏘고 있었어. 이런 상황에서 공산당의 돌격대 22명은 대도하를 건너가는 데 성공했지.

훗날 모택동은 이렇게 말했어.

"만약 대도하를 건너지 못했다면 공산당원은 모두 죽었을 것이다."

공산당은 대장정으로 겨우 살아남았지만, 피해도 무척 컸어. 처음 출발할 때는 군사와 농민을 합쳐 약 8만 6000명이었는데, 섬서성 연안에 도착하고 나니 10분의 1도 채 남지 않았대.

자, 그럼 공산당은 대장정 후 몰락하고 말았을까? 그렇지 않았어. 몰락하기는커녕 오히려 세력이 더욱 커졌고, 혁명에 성공하게 된단다.

공산당은 대장정을 하면서 많은 농민들의 지지를 얻었어. 2억 명이 넘는 사람들이 사는 여러 지역을 통과한 공산당은 마을을 점령할 때마다 관리나 지주의 재산을 빼앗아 가난한 사람들에게 나누어 주었거든. 지나가는 마을마다 공산당의 정책도 널리 알

대도하의 노정교
대도하라는 강에 노정교라는 다리가 놓여 있어. 철줄 위에 나무 판들을 얹어 만든 다리야. 공산당은 91미터나 되는 이 다리를 건너면서도 국민당과 싸워야 했어.

렸지. 그 뒤에도 15년 동안 공산당과 국민당의 싸움은 계속 되었는데 결국 공산당의 사회주의 혁명이 성공하게 돼. 그게 가능했던 건, 대장정을 하면서 공산당이 중국 곳곳에 사회주의 혁명 이념을 전하고, 농민들의 마음을 얻었기 때문이야.

1949년 10월 1일 천안문 앞 광장에 수많은 사람들이 가득 들어찬 가운데, 천안문 성루에 올라선 모택동이 이렇게 외쳤어.

"중화 인민 공화국 건국을 선포합니다!"

에드가 스노우가 찍은 모택동
모택동은 대장정을 마치고 섬서성 연안에 도착한 뒤, 미국 기자 에드가 스노우를 만나 대장정 이야기를 들려주었어. 그 취재 기록을 담은 《중국의 붉은 별》은 세계 여러 나라에 중국 공산당의 혁명 활동을 생생히 전해 주었어.

중화 인민 공화국 선포
1949년 10월 1일 천안문 성루에서 중국 공산당 지도자들이 모여 중화 인민 공화국을 선포했어. 발표문을 읽는 사람이 모택동이야.

대만의 과거와 현재

1949년 모택동이 이끄는 공산당이 새로운 중국을 만들 무렵, 공산당에 밀려난 장개석이 이끈 국민당은 어떻게 되었을까? 국민당은 동남쪽 해안으로 후퇴했다가 그곳에서 바다 건너 160킬로미터 떨어진 대만(타이완)으로 도망쳤어. 사라질 뻔한 국민당의 중화민국을 겨우 살려 낼 수 있었지.

대만은 섬이라서 그런지 외세의 침략을 자주 받았어. 유럽 상인들이 아시아로 몰려올 무렵 네덜란드 사람들에게 잠시 점령당했고, 그 뒤 청나라 영토가 되었어. 1895년 일본의 식민지가 되었다가 1945년 독립한 뒤에 다시 중화민국에 속하게 되었어.

중화민국은 독재 정치를 하면서 대만 주민들을 착취했어. 그러자 1947년 대만 주민들은 반정부 시위를 일으켰고, 장개석은 국민당군에게 총을 쏘라고 명령했어. 이때 8000명이 넘는 사람이 죽었다는구나.

1949년 장개석과 국민당이 건너온 후, 대만은 미국의 도움을 받아 자본주의 경제를 발전시키기 시작했어. 1960~1970년대에 아시아에서 눈부신 경제 성장을 이룩한 네 나라를 '아시아의 네 마리 용'이라고 했는데, 한국, 홍콩, 싱가포르와 함께 대만도 포함되었지.

대만은 경제 성장을 이루었지만, 여전히 국민당이 다스리는 독재 국가였어. 하지만 장개석의 아들 장경국이 총통이 된 후 정치의 민주화를 이루었고, 2000년에는 처음으로 정권이 바뀌었어. 국민당이 아닌 당, 그러니까 민진당 출신이 총통이 되었어. 오늘날엔 국민당과 민진당이 경쟁하면서 대만의 정치를 움직이고 있어.

국민당은 대륙에서 공산당에 쫓겨 건너온 사람들의 정당이야. 그래서 언젠가는 중국 땅을 되찾기를 원하고 중국과 통일하기를 원해. 이에 비해 민진당은 청나라 때 건너와 국민당의 독재에 많은 고통을 받은 사람들이 대부분이야. 또 중화 인민 공화국(중국)도 자기네와는 상관이 없는 나라로 여겨서 중국 대륙의 간섭에서 벗어나 독립된 나라를 만들기를 원해.

대만은 앞으로 어떻게 될까? 중국 대륙과 통일하게 될까? 아니면 독립된 나라로 남을까? 대만 사람들이 어떤 선택을 할지 무척 궁금하구나.

1992년 수교를 맺은 한국과 중국

• 중화 인민 공화국 •

강대국 중국의
빛과 그림자

16

신석기 시대 기원전 8000년경
신석기 문명이 탄생함

온나라 기원전 1600년경
문자와 청동기를 사용하기 시작함

춘추 전국 시대 기원전 551년
공자가 태어남

진나라 기원전 221년
진시황제가 중국을 통일함

한나라 기원전 139년
장건이 원정을 떠남

위진 남북조 시대 317년
호족이 중국의 북쪽을, 한족이 남쪽을 차지함

수나라 610년
대운하를 완성함

당나라 618~900년경
장안이 세계적인 도시가 됨

송나라 1141년
악비가 감옥에 갇혀 처형됨

원나라 1279년
쿠빌라이 칸이 중국 전체를 지배함

명나라 1405년
정화가 대항해를 시작함

청나라 1782년
《사고전서》를 완성함

청나라 1840년
아편 전쟁이 일어남

청나라 1872년
중국 어린이들이 미국 유학을 떠남

중화민국 1912년
아시아 최초의 공화국이 탄생함

중화 인민 공화국 1949년
중국이 사회주의 국가가 됨

1992년 8월 24일은 한국과 중국의 역사에 오랫동안 기억에 남을 하루였어. 한국과 중국이 수교를 했거든. '수교修交'란 나라와 나라가 외교 관계를 맺는다는 뜻이야.

1949년 중화 인민 공화국을 건국할 무렵, 한반도는 남과 북이 38선을 사이에 두고 갈라지게 되었어. 이 무렵부터 중국은 같은 사회주의 국가인 북한하고만 외교 관계를 맺었어. 자본주의 국가인 한국은 이념이 같은 대만과 외교를 맺었지. 1950년 한국 전쟁이 일어났을 때 중국은 군대를 파견해 북한을 지원했어.

그 뒤 한국과 중국은 40년이 넘도록 '가깝고도 먼 이웃'이었어. 날마다 비행기가 오가는 지금은 서울에서 북경까지 비행기로 1시간 30분이면 갈 수 있고, 배로도 인천에서 천진까지 하룻

밤이면 갈 수 있을 정도로 가까운 거리에 있지만, 마음으로는 무척 멀게 느껴졌어. 중국은 사회주의 국가이고 한국은 자본주의 국가였기 때문이야.

그런 중국이 한국과 수교를 맺은 거야. 40여 년 사이에 무슨 일이 있었기에 두 나라가 이념의 벽을 넘어 손을 잡을 수 있었을까?

새로운 중국의 좌절

중화 인민 공화국이 탄생하고 중국은 사회주의 국가가 되었어. 모택동은 그동안 억압받던 노동자와 농민이 주인이 되어 골고루 풍요롭게 잘사는 나라를 꿈꾸었어. 그러기 위해서는 우선 생산을 많이 늘려야 했지. 생산량이 많아야 서로 나누어 가질 것도 많아지니까 말이야. 그래서 펼친 것이 '대약진 운동'이야.

大躍進
큰 대 뛸 약 나아갈 진

대약진은 말 그대로 '빠르게 발전하는 것'을 말해. 그러니까 이 운동은 짧은 시간에 생산량을 늘리기 위한 운동이었던 셈이지. 특히 모택동은 모든 산업의 토대가 되는 철 생산량을 높이려고 가장 열심히 노력했어. 가정에서 사용하는 공구는 물론이고 냄비나 숟가락까지도 모두 모아 녹여서 철 생산량을 늘리는 데 썼어.

하지만 대약진 운동은 실패로 끝나고 말아. 정해진 철 생산 목표량을 채우는 데 급급한 나머지 농업에 소홀해져 식량 생산이

철을 만들기 위해 일하는 사람들
사람 키보다 훨씬 크고 둥그름한 토기 같은 것이 많이 보이지? 이건 흙으로 만든 용광로야. 대약진 운동 때 사람들은 철 생산 목표량을 달성하기 위해서 이렇게 큰 용광로를 만들었단다.

줄 수밖에 없었고, 그나마 생산한 철도 옛날 방식으로 만든 거라 품질이 형편없었어. 이렇게 2년의 시간을 낭비하고 나자 모든 고통은 농민들에게 돌아갔고, 그 결과 무려 2000만 명이 굶주려서 목숨을 잃었어.

대약진 운동이 실패하자, 새로운 세력들이 등장해서 모택동의 방법이 잘못되었다고 주장했어. 가장 대표적인 인물이 바로 등소평이야. 등소평은 대약진 운동으로 위기에 빠진 중국을 되살리기 위한 실용 정책을 내놓기 시작했어. 무리한 목표를 세우기보다는 실현 가능한 것부터 차근차근 해 나가자는 것이었지. 하지만 모택동을 따르는 세력들은 등소평 세력이 사회주의를 포

文化大革命
글월 문 될 화
큰 대 고칠 혁 목숨 명

기하고 자본주의의 길로 가려 한다면서 비판했고, 등소평 세력을 몰아내기 위해 '문화 대혁명'을 시작했어.

모택동은 전국의 대학교와 중고등학교의 게시판에 벽보를 붙였어.

"사회주의 나라 건설이 위기를 맞고 있다. 학생들은 일어나 사회주의를 위협하는 낡은 문화, 사상, 풍속, 습관을 부숴라."

이때부터 모든 학교의 수업이 중단되었고, 전국의 학생들이 기차를 타고 북경으로 모이기 시작했어.

학생들은 천안문 광장에서 여섯 차례나 큰 집회를 열고 문화 대혁명의 시작을 선포했어. 집회에 참가한 학생의 수가 모두 1100만 명이 넘을 정도였다니, 도저히 상상이 안 가는구나.

천안문 앞에 모인 홍위병
모택동이 문화 대혁명의 시작을 선포하자, 전국에서 1000만 명이 넘는 사람들이 모택동을 지지하기 위해 북경 천안문으로 모여들었어. 홍위병은 문화 대혁명에 참여한 학생들을 말해.

이들은 집회가 끝난 뒤, '사회주의를 지키기 위한 병사', 즉 '홍위병'이 되어 전국 곳곳을 돌아다녔어. 홍위병들은 공자의 사당이나 불교 사원 같은 문화유산들을 부수었어. 또 개인이 소장한 불상이나 도자기 같은 유물까지도 부숴 버렸지. 옛 문화나 풍속 등이 사회주의를 방해한다고 여겼기 때문이야. 이때 자신이 수집한 전통 예술품이 파괴되는 것을 막지 못한 것을 슬퍼하며 스스로 목숨을 끊은 사람도 많았다는구나.

　문화 대혁명이 벌어지는 동안, 모택동은 자기와 의견이 다른 사람들에게 "사회주의에 반대하고 자본주의의 길을 가려 한다"고 누명을 씌웠어.

　그 결과는 어땠을까? 모택동과 함께 새로운 나라를 만든 사람들 가운데 일부는 문화 대혁명을 일으킨 사람들의 비판을 받아 죽거나 관직을 잃었어. 한때의 동지를 적으로 만들어 버린 거지.

연설하는 등소평
모택동과 함께 사회주의 혁명에 앞장선 등소평이야. 모택동이 죽은 뒤 개혁과 개방을 선포해서 중국의 미래에 새로운 길을 제시했어. 키가 150센티미터 정도로 작아서 중국 사람들은 등소평을 '작은 거인'이라고 불러.

1966년부터 10년 동안 온 나라가 파괴하는 것에만 몰두하는 바람에 경제 발전이 멈추었고, 사회 질서가 무너지고 말았어. 예로부터 내려온 문화유산도 수없이 파괴되었어. 문화 대혁명은 중국을 정치, 경제, 사회, 문화 모든 면에서 큰 혼란에 빠뜨리고 말았던 거야.

모택동이 죽은 후에 이 위기를 극복하기 위해 발 벗고 나선 사람이 바로 등소평이야. 특히 등소평이 1978년에 발표한 '개혁'과 '개방'은 꼭 기억해 두어야 해. 등소평은 이렇게 주장했어.

"고양이는 빛깔이 검든 희든 쥐만 잘 잡으면 된다."

이게 무슨 뜻일까? 좀 더 풀어서 말하면, 자본주의든 사회주의든 중국 사람들을 잘살게만 할 수 있다면 그 방법이 최고라는 뜻이야.

우선 농촌에서는 공동으로 일하고 공동으로 나누던 방식을 없앴어. 그리고 자기 땅을 갖고 농사를 지을 수 있도록 하고, 생산한 만큼 가져갈 수 있도록 했어. 도시에서도 공장의 경영을 자본가들에게 맡겨서 생산량을 늘릴 수 있게 했어. 이것이 앞에서 말한 '개혁'이야.

경제를 발전시키려면 다른 나라 기업들이 중국에 투자를 많이 하도록 해야 했어. 그래서 등소평은 중국의 여러 도시를 개방해서 다른 나라 기업들이 마음껏 일을 할 수 있도록 지원했어. 세금도 깎아 주고 규제도 풀어 주고 하면서 말이야. 이것이 앞에서 말한 '개방'이야.

개혁·개방의 빛

상해의 야경은 정말 화려하고 멋있어. 형형색색의 불빛이 뒤엉켜 고가도로들을 화려하게 수놓고, 그 사이사이로 수많은 고층 빌딩들이 하늘을 향해 우뚝우뚝 솟아 있어.

동방명주
화려한 고층 빌딩들이 즐비하게 늘어선 상해의 모습이야. 구슬처럼 동그란 것이 달린 높은 탑이 '동방명주'야. 동방명주는 동방의 빛나는 구슬이라는 뜻의 방송탑이란다. 그 앞엔 황포강이 흐르고 있어.

상해 외탄
상해가 1842년 개항된 뒤 줄곧 서양 사람들이 모여 살던 지역이야. 100여 년 전에 지어 놓은 서양식 건물들이 지금까지도 남아 있어.

그중에서도 가장 사람들의 눈을 사로잡는 건 '동방명주'라는 방송탑이야. 높이가 468미터나 되는데, 밤에 바라보면 더욱 눈부시단다. 등소평의 개혁·개방이 가져다준 빛이라고 할 수 있지.

상해는 아주 조그마한 어촌 마을이었어. 그런데 1842년 남경 조약 때 개항된 후 많은 외국 사람들이 몰려들었어. 상해의 외탄이란 곳에는 그때 서양 사람들이 지어 놓은 서양식 건물들이 오늘날까지 남아 있어. 그곳에 가면 마치 유럽에 와 있는 것 같단다.

상해는 개항 후 100년이 넘게 중국에서 가장 발달한 도시로 번영을 누렸어. 그리고 중화 인민 공화국이 건국된 후에 더디게 성장하다가, 1984년에 다시 개방되어 오늘날 세계에서 손꼽히

홍콩, 고국의 품으로 돌아가다

1997년 7월 1일, 중국인들은 흥분과 감동에 휩싸였어. 영국이 차지하고 있던 홍콩이 드디어 중국으로 돌아오는 날이었거든.

영국은 1898년 2차 북경 조약에서 "앞으로 99년이 지나면 돌려주겠다"고 약속했는데, 약속대로 1997년 홍콩을 중국에 돌려준 거야.

1차 아편 전쟁에서 패한 중국은 영국에 홍콩을 넘겨주었어. 이때부터 홍콩은 중국의 역사와 다른 길을 걷게 돼. 홍콩은 영국을 통해 자본주의를 받아들였고, 세계 각국에서 오는 상품을 중국 대륙으로 보내는 창구 역할을 했어. 그랬으니 당연히 중국 상인들이 홍콩으로 많이 몰려들었겠지? 어떤 자료를 보니, 영국에 넘어간 지 100년 만에 홍콩의 인구가 15배 가까이 늘었다는구나.

1949년 중화 인민 공화국이 들어선 뒤에도 홍콩은 계속 영국 영토로 남아 있었어. 중국이 대약진 운동, 문화 대혁명으로 정치, 경제의 혼란을 겪고 있을 때, 홍콩은 '아시아의 네 마리 용' 가운데 하나가 될 정도로 경제가 성장했어.

오늘날 홍콩은 사회주의 나라 중국의 영토지만 옛날의 자본주의 체제를 그대로 갖고 있어. 한 나라에 두 개의 체제가 있다고 해서 '일국양제一國兩制'라고 해.

홍콩 반환 축제
1997년 7월 1일 북경 노동자 경기장에서 열린 홍콩 반환 축제의 모습이야. 중국 여러 분야 사람들이 모여 홍콩이 다시 중국 영토가 된 걸 축하했단다.

는 큰 도시로 성장했지.

1978년에 등소평이 개혁과 개방을 선언한 지 30여 년이 지난 오늘날까지 중국은 엄청난 발전을 거듭하고 있어. 어느 학자의 연구에 따르면 중국은 2000년이 될 때까지 20년 동안 연평균 9퍼센트의 경제 성장을 이룩했고 중국인 한 사람의 소득이 네 배나 늘어났다고 해. 또 2010년에는 중국이 일본을 제치고 미국에 이어 세계 2위의 경제 대국으로 성장했다는 기사도 본 기억이 나는구나.

상해를 중심으로 경제 대국의 대열에 들어선 중국은 더 큰 꿈을 꾸고 있어. 옛날, 세계를 호령하던 중국의 역사를 부활시켜 세계 초강대국이 되겠다는 꿈이야.

2008년에 중국 북경에서 올림픽이 열렸지? 화려한 개막식 행사와 불꽃놀이는 세계 초강대국이 되겠다는 중국의 꿈을 잘 드러내 보여준 것이었지.

개혁·개방의 그림자

빛이 있으면 그림자도 있는 법! 상해에는 빛나는 경제 성장을 대표하는 동방명주도 있지만 이것과는 거리가 먼 모습도 볼 수 있어. 상해 역 광장에는 돈을 구걸하는 사람들이 많아. 그중에는 아이를 대신 보내 구걸하게 하는 엄마도 있어.

등소평은 개혁·개방 정책을 펴면서 농촌보다는 도시의 발전을 중요하게 생각했어. 도시에서 많이 벌어서 그걸로 농촌을 살릴 수 있다고 본 거지. 모두 가난하게 사는 것보다는 발전하기 좋은 곳에서 먼저 돈을 벌어 그 돈으로 발전이 더딘 곳을 살리는 방법을 생각한 거야.

정부는 국가가 운영하는 기업의 수를 줄이고 대신 개인 자본가들이 기업을 운영할 수 있도록 했어. 그러자 부유한 기업들이 많이 생겨났어. 이런 정책 덕분에 상해를 비롯해서 큰 도시들은 크게 발전했어. 그런데 기업가들은 벌어들인 돈을 농촌의 경제 발전을 위해 쓸 생각은 별로 하지 않았어. 기업에 다시 투자하고 더 크게 키우느라 바빴지. 그래서 농촌은 점점 더 가난해질 수밖에 없었어.

농민들은 일자리를 찾아 도시로 몰려들었어. 농민 출신 노동

북경에 도착한 사람들
개혁·개방 이후 수많은 농민들이 돈을 벌기 위해 도시로 몰려들었어. 짐이 가득 든 보따리를 메고 도시의 낯선 풍경을 신기한 듯 바라보고 있구나.

자들은 도시에서 번 돈을 고향에 보내며 열심히 살았지. 대부분 건축 현장에서 힘든 노동을 하거나, 도시 노동자들이 하기 싫어하는 일을 해내야 했어. 하지만 가난과 고통에서 헤어나긴 어려웠어. 월급도 적은데다가 도시 사람들이 받는 주택, 의료, 교육 같은 복지 혜택도 전혀 누리지 못했어. 그들은 북경 시내를 가득 메운 고층 빌딩과 올림픽 경기장을 피땀 흘려 만든 주인공들이었지만 여전히 형편은 나아지지 않았단다.

2008년 북경 올림픽은 세계인의 축제였어. 하지만 올림픽이 열리기 전에, 우리가 모르는 일들이 많이 벌어졌어. 농민, 노동자들은 하루 벌어 하루 먹기도 빠듯한 사람들이었으니, 집을 마련하기 어려웠어. 그래서 북경의 변두리에 불법으로 집을 짓고 살 수밖에 없었어. 그런데 올림픽을 준비하면서 나라에서 어떻

북경 올림픽 주경기장
중국은 2008년 북경 올림픽을 순조롭게 마쳤지만, 그 과정에서 가난한 사람들이 많은 해를 입기도 했어. 사진은 2008년 북경 올림픽 주경기장의 모습이야.

게 했는지 아니? 보기에 좋지 않고 외국 손님들이 불결하다고 느낄까 봐 그 집들을 모두 부수고 사람들을 내쫓아 버렸단다.

도시 노동자들의 상황도 점점 나빠졌어. 국가가 운영하는 기업에서 일할 때는 월급도 괜찮고 복지 혜택도 많이 누렸어. 하지만 개인 기업들이 늘어나자 상황은 달라졌어. 자본가들은 이득을 더 얻기 위해 노동자들의 복지 예산을 줄였어. 게다가 도시 노동자들은 농촌에서 온 수많은 농민 노동자들과 일자리를 놓고 경쟁해야 했고, 그 결과 월급도 예전보다 적게 받을 수밖에 없게 되었지.

중국의 앞날은 어떻게 될까?

1949년 새로운 중국이 탄생한 뒤, 모택동은 노동자와 농민이 주인이 되는 사회주의 국가를 만들기 위해 애썼어. 그런데 대약진 운동과 문화 대혁명 때문에 오히려 가난한 나라가 되고 말았어. 그 뒤 새로운 지도자가 된 등소평은 경제를 살리는 게 가장 급하다고 판단하고 개혁과 개방 정책을 펼친 거야.

결과는 어때? 겉으로 보기에는 엄청난 경제 성장을 해서 선진국들을 따라잡고 있어. 하지만 속을 자세히 들여다보면 중국 사람들 대부분은 여전히 가난하게 살고 있어. 빈부 격차가 계속 커지고 있는 거지.

앞으로 중국은 어떻게 될까? 많은 사람들이 "중국은 머지않아 세계 최고의 경제 대국이 될 것이다"라고 예상하고 있어. 이미 중국이 세계에 끼치는 영향력은 점점 더 커지고 있어. 많은 사람들이 중국어를 공부하고 있는 것도 그 때문일 거야.

하지만 중국의 앞날이 무조건 밝다고만 할 수는 없어. 중국의 경제 성장을 이끌고 있는 진짜 주인공은 중국 공산당이 아니라, 이름 없는 노동자와 농민들의 피와 땀이라고 생각해. 그렇기 때문에 그들이 무너지면, 중국은 경제 대국의 꿈을 이루기 쉽지 않을 거야. 중국은 '경제 성장'과 '빈부 격차 해소', 이 두 마리의 토끼를 모두 잡을 수 있을까?

3000년이 넘는 시간 동안 중국은 쉴 새 없이 변해 왔어. 그만큼 중국 역사는 복잡하고 다양한 사건들로 이루어졌지. 거기에는 우리나라와 관련된 일들도 있고 말이야. 전 세계에서도 우리나라와의 관계 속에서도 중요한 위치에 있는 중국의 미래는 어떻게 펼쳐질까? 중국의 역사를 살펴본 너희들은 이미 그 해답을 얻기 위한 첫걸음을 뗀 거란다. 과거는 미래를 예측하는 좋은 열쇠가 된다고 하잖아.

우리와 가장 가까운 나라 중국을 시작으로, 더 많은 나라의 역사를 알아보고 더 넓은 세상을 볼 수 있으면 좋겠구나.

민주주의를 향한 외침

1989년 5월, 북경의 천안문 광장에 100만 명의 군중이 모여들었어. 대학생을 비롯해 노동자와 농민, 정부 관리들도 있었어. 그들은 천안문을 향해 한목소리로 외쳤어.

"우리는 민주주의를 원한다!"

"관리들의 부정부패를 없애라!"

"언론의 자유를 보장하라!"

그러자 중국 공산당 지도자 등소평은 시위대를 해산시키기 위해 계엄령을 선포했어.

6월 4일 새벽, 탱크와 장갑차가 북경 시내로 들어갔어. 군인들은 총을 발포했고 수백 명이 목숨을 잃었지. 그리고 수많은 시위 참가자들이 체포되었어. 왜 이런 일이 벌어졌을까?

1978년 등소평이 '개혁·개방'을 외친 후, 중국의 경제는 빠른 속도로 발전했어. 하지만 중국은 민주주의와 거리가 멀었어. 민주주의 국가들은 보통 여러 정당이 국민이 참여한 선거 결과에 따라 권력을 갖고 나라를 다스려. 하지만 중국은 중화 인민 공화국이 탄생한 이후 계속 공산당이 권력을 독차지했어.

부패도 심해져서 자본가들에게 돈을 받고 그들의 비리를 눈감아 주는 관리들이 많았어. 신문과 방송도 공산당 입맛에 맞는 내용만 내보냈지. 독재에 항거하는 사람들이 있으면, 정부에 반대한다며 처형했어.

등소평이 개방 정책을 편 뒤, 서양의 민주주의를 배우게 되면서 국민의 불만은 점점 더 커졌어. 1989년 천안문 광장의 외침은 그렇게 해서 시작된 거야.

하지만 탱크를 앞세운 무력 진압으로 민주화에 대한 외침은 물거품이 되고 말았지. 지금도 중국은 공산당이 독재하는 나라야. 하지만 민주주의를 향한 열망은 중국 사람들의 마음속에 여전히 꿈틀거리고 있을 거야. 그 열망은 언제 세상의 빛을 보게 될까?

유소파(류샤오보) 석방 시위
유소파(류샤오보)는 천안문 광장 시위 이후 민주화 운동을 하다가 감옥에 갇힌 사람이야. 2010년 노벨 평화상을 받자 사람들이 유소파의 석방을 요구하는 모습이야.

《중국사 편지》에 나오는 중국과 우리나라의 흐름 비교 연표

시대	연도	중국	우리나라
신석기	기원전		
	8000년경	강 근처에서 문명이 탄생함	
	2300년경		고조선을 세움
은	1600년경	문자와 청동기를 사용하기 시작함	
주	1046년	주나라가 은나라를 멸망시킴	
춘추 전국	722년	춘추 시대 시작	
	551년	공자가 태어남	
	450년경		부여를 세움
	403년	전국 시대 시작	
	372년	맹자가 태어남	
진	221년	시황제가 중국을 통일함	
	213년경	분서갱유가 일어남	
	194년		위만조선을 세움
한	139년	장건이 원정을 떠남	
	37년경		고구려를 세움
	18년		백제를 세움
	기원후		
	42년		금관가야를 세움
위진 남북조	317년	호족이 중국의 북쪽을, 한족이 남쪽을 차지함	
수	589년	수나라가 중국을 통일함	
	610년	수나라가 대운하를 완성함	
	612년		살수 대첩이 일어남
당	618~900년경	장안의 번영	
	624년경	균전제를 시행함	
	676년		신라가 한반도 중남부를 통일함
	698년		발해를 세움
	755년경	안녹산의 난이 일어남	
	918년		왕건이 고려를 세움
	1019년		귀주대첩이 일어남

시대		연도	중국	우리나라
송		1141년	악비가 감옥에 갇혀 처형됨	
원		1279년경	쿠빌라이 칸이 중국 전체를 지배함	
명		1368년	명나라를 세움	
		1392년		이성계가 조선을 세움
		1405년	정화가 대항해를 떠남	
		1592년		임진왜란이 일어남
청		1636년	청나라를 세움	병자호란이 일어남
		1782년	《사고전서》를 완성함	
		1840년	1차 아편 전쟁이 일어남	
		1842년	남경 조약을 맺음	
		1851년	태평천국 운동이 일어남	
		1861년	양무운동이 일어남	
		1872년	중국 어린이들이 미국 유학을 떠남	
		1894년	청일 전쟁이 일어남	동학 농민 운동이 일어남
		1897년		대한제국으로 나라 이름을 바꿈
		1911년	신해혁명이 일어남	
중화민국		1912년	아시아 최초의 공화국이 탄생함	
		1918년	노신이 《광인일기》를 발표함	
		1919년	5·4 운동이 일어남	3·1 운동이 일어남
		1948년		대한민국 정부 수립
중화 인민 공화국	중화민국(대만)	1949년	중화 인민 공화국이 탄생함	
		1950년		한국 전쟁이 일어남
		1966년	문화 대혁명이 일어남	
		1988년		서울 올림픽을 개최함
		1992년	한중 수교를 맺음	
		1997년	홍콩이 반환됨	
		2000년		남북 정상이 만남
		2002년		월드컵 축구 대회를 개최함
		2008년	북경 올림픽을 개최함	

《중국사 편지》에 나오는 주요 이름과 지명

우리말 한자어 표기	중국 현지어 발음	우리말 한자어 표기	중국 현지어 발음
감영 甘英	간잉	악비 岳飛	웨페이
강서성 江西省	장시성	외탄 外灘	와이탄
공자 孔子	쿵쯔	요동 遼東	랴오둥
광주 廣州	광저우	요하 遼河	랴오허
낙양 洛陽	뤄양	운남 雲南	윈난
남경 南京	난징	원세개 袁世凱	위안스카이
노신 魯迅	루쉰	임칙서 林則徐	린쩌쉬
대만 臺灣	타이완	자금성 紫禁城	쯔진청
동방명주 東方明珠	둥팡밍주	장강 長江	창장
등소평 鄧小平	덩샤오핑	장개석 蔣介石	장제스
만리장성 萬里長城	완리창청	장건 張騫	장첸
맹자 孟子	멍쯔	첨천우 詹天佑	잔톈여우
모택동 毛澤東	마오쩌둥	정화 鄭和	정허
반초 班超	반차오	조맹부 趙孟頫	자오멍푸
병마용 兵馬俑	빙마용	진독수 陳獨秀	천두슈
복건성 福建省	푸젠성	진시황제 秦始皇帝	친스황띠
북경 北京	베이징	진회 秦檜	친후이
사천성 四川省	쓰촨성	천안문 天安門	톈안먼
상해 上海	상하이	풍도 馮道	펑다오
서안 西安	시안	항주 杭州	항저우
섬서성 陝西省	산시성	호남성 湖南省	후난성
소주 蘇州	쑤저우	홍콩 香港	샹강
손문 孫文	쑨원	황하 黃河	황허

참고한 책들

개빈 멘지스 지음, 조행복 옮김, 《1421-중국, 세계를 발견하다》, 사계절출판사, 2004.
기시모토 미오·미야지마 히로시 지음, 김현영·문순실 옮김, 《조선과 중국 근세 오백년을 가다》, 역사비평사, 2003.
김경일 지음, 《김경일 교수의 갑골문 이야기》, 바다출판사, 2002.
김문경 지음, 《삼국지의 영광》, 사계절출판사, 2002.
도미야 이타루 지음, 이재성 옮김, 《나는 이제 오랑캐의 옷을 입었소 - 이릉과 소무》, 시공사, 2003.
러우칭시 지음, 이주노 옮김, 《중국 고건축 기행》 1, 컬처라인, 2002.
레이 황 지음, 권중달 옮김, 《허드슨 강변에서 중국사를 이야기하다》, 푸른역사, 2001.
레이 황 지음, 홍광훈·홍순도 옮김, 《중국, 그 거대한 행보 - 레이 황의 거시중국사》, 경당, 2002.
레지널드 존스턴 지음, 김성배 옮김, 《자금성의 황혼》, 돌베개, 2008.
로이드 E. 이스트만 지음, 민두기 옮김, 《장개석은 왜 패하였는가》, 지식산업사, 1990.
로이드 E. 이스트만 지음, 이승휘 옮김, 《중국 사회의 지속과 변화》, 돌베개, 1999.
르네 그루세 지음, 김호동 외 옮김, 《유라시아 유목제국사》, 사계절출판사, 1998.
마르코 폴로 지음, 김호동 옮김, 《마르코 폴로의 동방견문록》, 사계절출판사, 2000.
멀 골드만, 존 킹 페어뱅크 지음, 김형종·신성곤 옮김, 《신중국사》, 까치글방, 2005.
모리스 로사비 지음, 강창훈 옮김, 《쿠빌라이 칸, 그의 삶과 시대》, 천지인, 2008.
미야자키 마사카츠 지음, 이규조 옮김, 《정화의 남해 대원정》, 일빛, 1999.
미야자키 이치시다, 《중국사》, 역민사, 1989.
박은화 엮음, 《중국 회화 감상》, 예경, 2001.
박한제 외 지음, 《아틀라스 중국사》, 사계절출판사, 2007.
발레리 한센 지음, 신성곤 옮김, 《열린 제국: 중국》, 까치글방, 2005.
백양 지음, 김영수 옮김, 《맨 얼굴의 중국사》(전 5권), 창해, 2005.
상해고적출판사 지음, 박소정 옮김, 《문답으로 엮은 교양 중국사》, 이산, 2005.
알랭 루 지음, 정철웅 옮김, 《20세기 중국사》, 책과함께, 2010.
에드가 스노우 지음, 홍수원 옮김, 《중국의 붉은 별》 상·하, 두레, 1995.
오가타 이사무 지음, 이유영 옮김, 《사진과 그림으로 보는 중국 역사 기행》, 시아출판사, 2002.
오함 지음, 박원호 옮김, 《주원장전》, 지식산업사, 2003.
왕샤오밍 지음, 《인간 루쉰》, 동과서, 1997.
요시카와 고지로 지음, 이목 옮김, 《한 무제》, 천지인, 2008.
이근명 편역, 《중국 역사》, 신서원, 2002.
이시하마 유미코 엮음, 김한웅 옮김, 《티베트, 달라이 라마의 나라》, 이산, 2007.
이인호 지음, 《사기 본기-신화의 시대에서 인간의 역사로》, 사회평론, 2004.

이인호 지음, 《이인호 교수의 사기 이야기》, 천지인, 2007.
장노엘 로베르 지음, 조성애 옮김, 《로마에서 중국까지》, 이산, 1998.
잭 웨더포드 지음, 정영목 옮김, 《칭기스 칸, 잠든 유럽을 깨우다》, 사계절출판사, 2005.
조너선 스펜스 지음, 양휘웅 옮김, 《신의 아들 홍수전과 태평천국》, 이산, 2006.
조너선 스펜스 지음, 주원준 옮김, 《마테오 리치, 기억의 궁전》, 이산, 1999.
조너선 스펜스 지음, 김희교 옮김, 《현대 중국을 찾아서》 1·2, 이산, 1998.
천순천 지음, 이혁재 옮김, 《중국 오천년》 1·2, 다락원, 2002.
천이난 지음, 장윤미 옮김, 《문화 대혁명, 또 다른 기억 – 어느 조반파 노동자의 문혁 10년》, 그린비, 2008.
천징 지음, 김대환·신창호 옮김, 《진시황 평전 – 위대한 폭군》, 미다스북스, 2001.
첸강·후징초 지음, 김승룡·이정선 옮김, 《유미유동 – 청나라 정부의 조기 유학 프로젝트》, 시니북스, 2005.
패트리샤 버클리 에브리 지음, 이동진·윤미경 옮김, 《사진과 그림으로 보는 케임브리지 중국사》, 시공사, 2010.
홍대용 지음, 김태준·박성순 옮김, 《산해관 잠긴 문을 한 손으로 밀치도다》, 돌베개, 2001.

● 사진 자료

국립중앙박물관 – 몽유도원도(복원품) 80, 81
게티이미지 – 운강 석굴 70
두피디아 – 악왕의 묘 108
shutterstock – 천안문 192
연합포토 – 한중 수교 209
장지영 – 자금성 139
노정임 – 유리창 거리 160
윤지희 – 동방명주 215, 외탄 216
조한태 – 진회 동상 110
네이버 블로거 미소년(sjm880219) – 베이징 올림픽 주경기장 220

| 찾아보기 |

【ㄱ】

감영 65
갑골문 20, 29
강감찬 112
《강희자전》 155
강희제 119, 151, 155
거란 107, 112
건륭제 153, 155
건문제 139
경교 104
《고금도서집성》 155
고려 112
《고려사》 132
〈곤여만국전도〉 150
공자 31, 35
공행 166, 173
과거 제도 84, 112
관우(관왕) 109, 163
관중 34
《광인일기》 198
구마라습 76, 103
국공 합작 199
국자감 103
군벌 195, 199
군현제 49
《권세양언》 177
금군 111

금나라 112, 114, 122
김정희 161

【ㄴ】

나관중 163
남경 조약 173, 175, 216
남북조 시대 74
남송 114, 127
노나라 32
노신 198
《논어》 31

【ㄷ】

달뢰 115
당소의 189
대도하 204
대만 207
대약진 운동 210, 221
대운하 90
대장정 204
도연명 80
도호부 104
〈도화원기〉 80
동시 100
등소평 211, 214, 223

【ㅁ】

마르코 폴로 130
마카오 150
마테오 리치 150
만리장성 51
만주족 119, 154
《맹자》 31, 37
맹자 31, 38
모택동 194, 206, 210
〈몽유도원도〉 80, 81
무제 61
묵특 선우 60
문성 공주 99
문제 83
문화 대혁명 212, 221
뭉케 칸 123
민진당 207

【ㅂ】

바스코 다 가마 149, 165
바투 122
박지원 161
반초 65, 72
방 100
번진 105, 111
변경(개봉) 112

병마용 46
복희 17
봉건제 49
부견 76
북경 올림픽 218, 220
북경 조약 175, 177
북송 114
분서갱유 54
브라운 목사 180

【ㅅ】

《사고전서》 153
《사기》 20, 69
사마천 20, 69
사한국 124, 128
산타마리아호 143
살수대첩 83, 92
삼국 시대 73, 163
《삼국지》 163
《삼국지연의》 69, 109, 163
삼황오제 47
상관 167
상앙 43, 47, 50
서시 100
서희 112
소그드 상인 103
손문 195, 199
손챈감포 99
송 태조 110

순도 76
순행 57
신농 17
신문화 운동 196
신해혁명 194
실크로드(비단길) 67, 74, 103

【ㅇ】

아방궁 54
《아Q정전》 198
악비(악왕) 109, 117
안견 81
안녹산 106
알렉산드로스 131
야율아보기 113
양견 83
양무운동 181, 190, 194
1차 아편 전쟁 172, 180, 217
2차 아편 전쟁 175
5·4 운동 196
5대 10국 107, 110, 119
양제(양광) 83
엘리어트 170
여와 17
여진 112
영락제 138
옹정제 155
왜인 190
요나라 112
요하 16

용굉 180, 189
우 임금 12
우구데이 칸 122
원세개 195
월지 61
위진 시대 73
유광세 117
유리창 159
유방 55, 60
유소파(류샤오보) 223
윤관 112
을지문덕 92
이광리 64
이대조 196
이릉 69
이세민 104
이연 104
이지조 151
이홍장 182, 187
임칙서 170

【ㅈ】

자금성 139, 153
장강 9, 13, 157
장개석 200, 203, 207
장건 62, 72, 74, 98
장경국 207
장안 98
장준 117

장택단 115
전국 시대 38, 50
전국칠웅 39
전족 119
전진 76
정政 47
정화 137
제자백가 43, 53
조광윤 110
조맹부 134
조인규 132
주나라 25, 33, 48
주왕 27
주원장 133, 138
주전파 115
주화파 116
주체 138
중국 공산당 197
중국 국민당 199, 207
중화 인민 공화국 194, 206
중화민국 119, 189, 194
증국번 182, 187
진독수 196
진수 163
진시황제 48
진晉나라 37, 163
진秦나라 42, 46
진회 110, 114

【ㅊ】

차르 196
천안문 193, 212, 223
〈청명상하도〉 115
첨천우 189
청일 전쟁 191
최치원 103
춘추 시대 33
춘추오패 34
칭기즈 칸 121, 131

【ㅋ】

캘리컷 142
콜럼버스 143, 148, 165
쿠빌라이 칸 127

【ㅌ】

태평천국 177
테무르 131
테무친 121

【ㅍ】

파스파 라마 130
파스파 문자 131

포숙 34
풍도 107

【ㅎ】

하모도 13
한세충 117
한자 28, 73
한족 73
한혈마 64
항우 55
현장 104
호족 73
홍군 201
홍대용 160
홍려시 95
홍수전 119, 177
홍위병 213
홍콩 173, 217
황소 106
황제黃帝 17, 69
황하 9, 25
황하 문명 11
후주 110
《후한서》 59
휘주 상인 158, 159
흉노 60

처음 읽는 이웃 나라 역사

중국사 편지

1판 1쇄 2011년 7월 30일
1판 7쇄 2018년 7월 15일

글 | 강창훈
그림 | 서른

펴낸이 | 류종필
편집 | 장이린
마케팅 | 김연일, 김유리
디자인 | 매핑_이소영

펴낸곳 | (주)도서출판 책과함께
주소 | 서울시 마포구 동교로 70 소와소빌딩 2층
전화 | 02-335-1982   팩스 | 02-335-1316
전자우편 | prpub@hanmail.net
블로그 | blog.naver.com/prpub
등록 | 2003년 4월 3일 제25100-2003-392호

이 책의 저작권은 강창훈과 도서출판 책과함께에 있습니다.
이 책의 내용을 이용하려면 저작권자와 출판사에게 모두 서면동의를 받아야 합니다.
잘못된 책은 구입하신 서점에서 바꾸어 드립니다.

이 도서의 국립중앙도서관 출판시 도서목록(CIP)은 서지정보유통지원시스템 홈페이지(http://seoji.go.kr)와 국가자료공동목록시스템(http://www.nl.go.kr/kolisnet)에서 이용하실 수 있습니다.(CIP제어번호: CIP 2011002915)

ISBN 978-89-91221-85 73900